Crônicas exusíacas e estilhaços pelintras

Luiz Antonio Simas

Crônicas exusíacas e estilhaços pelintras

2ª edição

CIVILIZAÇÃO BRASILEIRA

Rio de Janeiro
2024

Copyright © Luiz Antonio Simas, 2023

CIP-BRASIL. CATALOGAÇÃO NA PUBLICAÇÃO
SINDICATO NACIONAL DOS EDITORES DE LIVROS, RJ

S598c
Simas, Luiz Antonio
Crônicas exusíacas e estilhaços pelintras / Luiz Antonio Simas. – 2. ed. – Rio de Janeiro : Civilização Brasileira, 2024.

ISBN 978-65-5802-100-1

1. Crônicas brasileiros. 2. Ensaios brasileiros. 3. Contos brasileiros. I. Título.

23-84136
CDD: 869
CDU: 821.134.3(81)

Gabriela Faray Ferreira Lopes – Bibliotecária – CRB-7/6643

Todos os direitos reservados. É proibido reproduzir, armazenar ou transmitir partes deste livro, através de quaisquer meios, sem prévia autorização por escrito.

Este livro foi revisado segundo o Acordo Ortográfico da Língua Portuguesa de 1990.

Direitos desta edição adquiridos pela
EDITORA CIVILIZAÇÃO BRASILEIRA
Um selo da
EDITORA JOSÉ OLYMPIO LTDA.
Rua Argentina, 171 – Rio de Janeiro, RJ – 20921-380 – Tel.: (21) 2585-2000.

Seja um leitor preferencial Record.
Cadastre-se no site www.record.com.br
e receba informações sobre nossos
lançamentos e nossas promoções.

Atendimento e venda direta ao leitor·
sac@record.com.br

Impresso no Brasil
2024

São pais de santo, paus de arara, são passistas
São flagelados, são pingentes, balconistas
Palhaços, marcianos, canibais, lírios, pirados
Dançando dormindo de olhos abertos à sombra
Da alegoria dos faraós embalsamados

João Bosco e Aldir Blanc, "O rancho da goiabada"

SUMÁRIO

Apresentação — 11

1. Confissão de fé — 13
2. O palpite de Exu — 15
3. Cotando o bicho — 17
4. Ele atirou, ninguém viu — 19
5. Ode a Jaiminho Alça de Caixão — 21
6. Pelintração — 25
7. Nero, o imperador de Cavalcante — 27
8. "Nega Luzia" — 29
9. Ninguém foi funcionário público em Barbacena — 31
10. Nossos fantasmas — 35
11. Lugares assombrados — 37
12. Fantasmas contemporâneos — 39
13. Fantasmas do passado — 41
14. Konga e eu — 43
15. Eu e Carlinhos — 47
16. Precisamos falar sobre a Loira do Banheiro — 49

17.	Entre Eros e Tânatos	53
18.	Wilson Moreira e Shakespeare	57
19.	A galinha-d'angola da Intendente Magalhães	59
20.	Jogadores de ronda	61
21.	Enredo	63
22.	O folião e os moinhos	65
23.	Pelintração	67
24.	Malandro Miguel na voz de Tião Casemiro	69
25.	O chefe	71
26.	Joias no prego	73
27.	Pelintração	75
28.	Fantasia	77
29.	A praça é da patota de Cosme	79
30.	Lendo o mundo	83
31.	Diversão	85
32.	Cotidiano	87
33.	Terreiro	89
34.	Buscando a terceira margem	91
35.	Pelintração	95
36.	Quem não gosta de samba	97
37.	Baila!	99
38.	O nascimento dos toques de tambor	101
39.	Embala eu	105
40.	Pero Vaz de Lalá	107
41.	O disfarce do Castor	109
42.	Ao Rei do Bacalhau e uma dica da Araca	111
43.	Pelintração	113

44.	Um médium no carnaval	115
45.	O sacrifício de Macaé	121
46.	Elegia da vagabundagem	125
47.	Breve registro	127
48.	Autoridade	129
49.	Pelintração	131
50.	Silas, o criador	133
51.	Milagreiro	135
52.	A casa da Tia Ciata	137
53.	A casa da Mãe Joana	139
54.	Pelintrações	141
55.	Paizinho Quincas e Tia Maria	143
56.	Levem as crianças	145
57.	Irmão da malandragem	147
58.	O primeiro terreiro	149
59.	Nomes	151
60.	O rei do samba sincopado	153
61.	O carnaval assusta	157
62.	Aprendendo o ABC	159
63.	Mercadão de Madureira: espaço educativo	161
64.	Uma noite com Luiz Carlos da Vila	163
65.	Alberto Mussa, um carioca gentil	167
66.	Memória e esquecimento	169
67.	Madame quer acabar com o samba	173
68.	Pelé e seu Sete da Lira	175
69.	Carlota Joaquina em Japeri	177
70.	Agogôs imperiais	181

71. Breves notas sobre o nudismo contemporâneo — 185
72. Pelintrações — 189
73. O encontro entre Exu e Walter Benjamin no morro da Mangueira — 191
74. O primeiro cadáver — 195
75. Morte × aniquilação — 199
76. Pelintração — 203
77. Sobre viventes — 205

APRESENTAÇÃO

OS TEXTOS que compõem este livro podem ser lidos em qualquer ordem. Nas páginas que seguem, eles vão embaralhados, como cartas aleatoriamente distribuídas por um vigarista que comanda a banca em um jogo de azar. O profano rasura o sagrado, o sagrado rabisca o profano; o carnaval se intromete na gira, malandros e pequenos trambiqueiros viram filósofos, e o que parece ser uma elegia ao amor e ao afeto deságua na violência. Breves ensaios sobre o colonialismo, outros sobre mitos e ritos, entrecruzam-se com pequenas aventuras cotidianas de sambistas, papagaios de piratas, apontadores do jogo do bicho, ambulantes, profetas, namorados, membros do esquadrão da morte, defensores intransigentes da vida, espíritos desencarnados, malandros maneiros, erês, assombrações, defuntos frescos, bodes, cachorros, toques de atabaques, sons de agogôs e de rajadas de metralhadora retratadas em estilhaços desconexos. De súbito, algum fragmento pelintra aparece na esquina. A descontinuidade é proposital e sugere um jogo exusíaco: é possível rearrumar os textos agrupando-os em temáticas definidas; coisa que não farei. Esse desafio é de quem lê. Os textos são curtos e sugiro que sejam lidos na rua: no botequim, no trem, no metrô, na fila do supermercado, na porta da escola, na sala de espera do dentista, numa tarde vadia em alguma praça carioca.

A cidade é a grande boca que tudo come.

1. CONFISSÃO DE FÉ

MINHA RELAÇÃO com o Rio de Janeiro não é celebratória. Ela é moldada no espanto que parte de uma constatação: a cidade, em meio ao cenário deslumbrante, foi forjada na espoliação dos habitantes originais, na violência da escravização, nos projetos higienistas das elites contra pretos e pobres.

Ao mesmo tempo, nas frestas dos projetos de aniquilação e morte, foram reconstruídos modos de vida e redes de sociabilidades, deglutidas e regurgitadas referências diversas, reencantados os territórios em terreiros, às margens, contra as instâncias do poder ou negociando com elas.

É uma cidade de grandes deslocamentos (a diáspora negra, o desterro de ciganos, judeus e portugueses pobres, a migração de nortistas e nordestinos) e de pequenas diásporas internas (derrubada de cortiços, remoções de comunidades, arrasamento de morros, gentrificações repulsivas).

Vem daí minha percepção de que o embate carioca é entre o corpo e a morte, o encanto e o desencanto, o confinamento e a rua. Por isso escrevo sobre sambas, macumbas, quermesses, procissões, botequins, carnavais, jogo do bicho, Maracanã, baile, gurufim, vigaristas, santos, fantasmas e casas portuguesas.

A intelectualidade que o Rio produziu – gente da estirpe de Pixinguinha, Paulo da Portela, Ismael Silva, Almirante, Ciata de Oxum, Noel Rosa, Ivone Lara, Lima Barreto, Padeirinho, Tata Tancredo, Mané Garrincha, Cartola, Heitor dos Prazeres, Zé Pelintra, dona Maria Mulambo, seu Sete da Lira etc. – não é filha da cidade cordata; é filha da cidade violenta. A despeito disso, ou talvez em virtude disso, subverte, resiste, negocia, ginga, dribla, se vinga gargalhando na esquina e criando arte.

A cidade disputada me interessa profundamente. Racionalmente, tento pensá-la e entendê-la; passionalmente, amo, odeio e aceito a sina riscada no chão com a pemba de fé e a vareta de pipa: é o meu lugar no mundo.

O Rio de Janeiro é minha circunstância naquilo que tem de melhor e pior: faca que risca o prato no samba e que fere e fura o bucho. O que faço é a tentativa provisória e incompleta de entender a capacidade de criação de beleza no inferno, entre fragmentos e estilhaços de espantosa vida.

Eu não acredito na cidade, mas acredito no samba.

2. O PALPITE DE EXU

SEU DJALMA de Lalu, pai de santo iniciado pelo famoso sacerdote Tata Fomotinho, tinha terreiro aberto na rua Manoel Reis, em Nilópolis. Exu Lalu, de vez em quando, dava um palpite em sonho a Djalma e o homem ganhava uns trocados no jogo do bicho. Um dia, lá pela década de 1970, Exu avisou para seu filho jogar tudo num milhar do macaco: grupo 17, dezenas 65, 66, 67, 68. Seu Djalma nem pestanejou: raspou a caderneta de poupança e foi de Nilópolis a Nova Iguaçu apostando na dica.

Não deu outra. Macaco na cabeça!

O homem quebrou as bancas. Na encolha, os mais velhos contam que a cúpula do jogo do bicho teria se reunido para discutir o caso. Se Lalu começasse a mandar palpites fortes toda hora para seu Djalma, danou-se.

Com o dinheiro que ganhou, seu Djalma comprou um terreno enorme e ergueu, na rua Batista Neves, o terreiro do Kwe Ceji Lonã. Ainda construiu uma vila de casas para macumbeiros, a Vila São Lalu, e adquiriu outros imóveis na área. A vila está lá até hoje.

CRÔNICAS EXUSÍACAS E ESTILHAÇOS PELINTRAS

Seu Djalma virou o terror dos bicheiros. Era o homem sair de casa para apostar e já vinha gente o seguindo, achando que Lalu ia dar mais um milhar para ele. E dizem que dava mesmo; ao menos um palpite quente por ano.

A cúpula do jogo do bicho baixou uma ordem expressa: no campo espiritual, um tremendo agrado foi feito a Exu. Coisa de parar o Mercadão de Madureira. No campo material, todas as apostas de seu Djalma passaram a ser cotadas na Baixada Fluminense.

Moral da fábula: na maciota, manda quem pode e obedece quem tem juízo.

3. COTANDO O BICHO

À GUISA de explicação:
Cotar o bicho ocorre quando a banca, sob risco de quebrar, estabelece previamente que não vai pagar o prêmio integral se determinado número sair. Exemplifico: os números 17, 18, 19 e 20 são as dezenas do grupo do cachorro. Nos dias de são Roque e são Lázaro, os volumes de apostas nas dezenas do cachorro são altos, já que ambos os santos estão ligados, na cultura popular, aos cães. É comum que se cotem milhares formados com essas dezenas; da mesma maneira que as dezenas do cavalo (41, 42, 43, 44) são cotadas no dia de são Jorge, já que o guerreiro está sempre acompanhado de seu cavalo e entre os 25 bichos do jogo não está incluído o dragão.

Conto um caso famoso das esquinas cariocas: quando a mídia anunciou que 2.996 pessoas morreram nos atentados de 11 de setembro de 2001, em Nova York, muita gente correu para o apontador do jogo do bicho mais próximo e fez a fé nesse milhar (do veado). Se o número fosse sorteado na cabeça, já era. Imediatamente houve uma ordem para a cotação, reduzindo o prêmio a 50% do que normalmente seria pago.

Como dizia o velho Natal, bicheiro das antigas e durante muito tempo o dirigente mais poderoso da Portela, o jogo só funciona porque cada um tem seu palpite e vale o que está escrito.

4. ELE ATIROU, NINGUÉM VIU

O RIO de Janeiro é uma cidade oficialmente fundada para expulsar franceses e apagar a cidade-aldeia tupinambá. Tempos depois, quis ser francesa para negar que é profundamente africana. Não deu certo. Por aqui ainda baixam Vovó Cambinda, uma vastíssima falange de pretos velhos e os caboclos de pena. O colonizador perdeu.

No dia 20 de janeiro de 1567, Estácio de Sá, o fidalgo militar e fundador da cidade, foi atingido por uma flecha envenenada, vinda não se sabe de quem e de onde. Foi ferido, agonizou e morreu. O português que fez a guerra contra os indígenas rebelados hoje é nome do bairro que deu origem ao samba urbano do Rio de Janeiro: Estácio. A região concentra terreiros de umbanda que festejam e chamam para a macumba os mesmos caboclos que a colonização portuguesa combateu. Eles geralmente atendem ao chamado e descem nas giras atirando suas flechas encantadas em desavisados alvos.

5. ODE A JAIMINHO ALÇA DE CAIXÃO

UM PERSONAGEM da cidade do Rio de Janeiro que merece virar nome de rua e enredo de escola de samba é Jaime Sabino, o Jaiminho Alça de Caixão, homem que foi a mais de mil enterros e praticamente inventou a profissão de papagaio de pirata. É mister esclarecer: "papagaio de pirata" é a expressão popular que designa cidadãos estrategicamente localizados atrás dos jornalistas que fazem entradas ao vivo nas redes de televisão.

Além de frequentar enterros, Jaiminho apareceu ao longo da carreira em mais de cem entradas ao vivo de repórteres televisivos, sobre variados temas. Sempre estava de terno, mesmo no calor inclemente (tinha mais de duzentos, das tradicionais lojas Bemoreira Ducal, São João Batista Modas e Imperatriz das Sedas). Impecavelmente cortados, os cabelos do Alça de Caixão eram pintados de preto com os tabletes Santo Antônio; tintura popular das mais famosas e encontrada nos melhores estabelecimentos da cidade, como bancas de camelô e vagões de trens da Central do Brasil.

CRÔNICAS EXUSÍACAS E ESTILHAÇOS PELINTRAS

Jaiminho gostava de dizer que fugiu de casa aos sete anos de idade, em Feira de Santana, Bahia, porque era muito castigado no colégio. A família tinha condição de vida razoável, mas ele queria mais e veio para o Rio de Janeiro com o sonho de ser artista. Contracenou com Cauby Peixoto (fez o papel do irmão de Cauby em uma trama) e com a cantora Marlene em fotonovelas das revistas *Amiga* e *Sétimo Céu*. Tentou ainda a carreira cinematográfica. Seu maior momento como ator foi, na condição de figurante, ter tomado um soco de Jece Valadão em um filme da Atlântida. Costumava dizer, orgulhoso, que também teve grande desempenho no papel de um defunto anônimo no clássico *O assalto ao trem pagador*.

Jaiminho encontrou a vocação fúnebre quando Getúlio Vargas morreu e ele foi ao velório. Teve uma epifania e encontrou um sentido para a vida: frequentar enterros segurando a alça do caixão para, como dizia, "sentir o peso do defunto".

Jaiminho nunca revelou como conseguia se infiltrar em enterros diversos, burlar esquemas de segurança, ficar ao lado de autoridades e eventualmente levar o defunto até, como gostava de dizer, a última morada. Chegou mesmo a dar autógrafos em diversos velórios, virou celebridade e conseguiu patrocínio para ir a enterros fora do Rio de Janeiro (como o de santa Dulce dos Pobres, na Bahia).

Profissionalmente, Jaiminho era lotado como "assessor de assuntos externos" da prefeitura de Nilópolis e torcedor da escola de samba Beija-Flor. Fundou um museu dos papagaios de pirata no bairro do Rocha, subúrbio carioca.

ODE A JAIMINHO ALÇA DE CAIXÃO

Jaiminho admitiu ter ficado apavorado em um único enterro na vida: o do Rei Momo Bola, que pesava trezentos quilos. Ele segurou a alça do esquife e preparou-se para o cortejo. Na hora do esforço para levantar o caixão, deu migué, teve um pico de pressão e abdicou do direito de conduzir Bola ao derradeiro destino.

Jaiminho também viveu um momento tenso quando, para não cair na tumba em que estava sendo depositado o caixão do governador Leonel Brizola, o prefeito Marcelo Alencar se escorou nele. Os dois quase foram parar na sepultura, fazendo companhia ao falecido maragato.

A rua que sugiro que homenageie Jaiminho é a Monsenhor Manuel Gomes, em frente ao cemitério do Caju, onde ele foi enterrado duas vezes, já que os coveiros erraram a sepultura em seu enterro e tiveram que desenterrar e sepultar novamente o falecido. A homenagem seria justa.

6. PELINTRAÇÃO

CULTURAS FRESTEIRAS: aquelas que, jogando nas rachaduras dos muros institucionais – com a destreza e a arte do drible no vazio de Mané Garrincha e da ginga de Zé Pelintra –, inventam constantemente modos de vida que buscam a transgressão, o equilíbrio gingado, a terreirização do território, como estratégias de jogo e combate contra a mortandade produzida pelo desencanto do mundo.

7. NERO, O IMPERADOR DE CAVALCANTE

ALGUNS ALUMBRAMENTOS da infância são insuperáveis. Um dos que mais me impactaram foi abrir um velho exemplar da revista *Manchete* e encontrar a foto de um inusitado carioca em ação: Nero Cláudio César Augusto Germânico. Sim, falo dele mesmo, o imperador romano morto em 68 d.C., que, nas décadas de 1950 e 1960, baixava no médium Lourival de Freitas, em Cavalcante, no subúrbio carioca.

Na foto da revista, ao lado de Lourival, aparece uma médium incorporando Agripina, a mãe do imperador. Ambos realizavam uma operação espiritual. Agripina costumava levitar durante as sessões e, na ausência da lira, Nero – o de Cavalcante – tocava violão, com repertório especializado em boleros de altíssima voltagem sentimental, do famoso conjunto Românticos de Cuba.

Coisa que me impressionou foi a reconciliação após a morte entre Nero e Agripina. Segundo Suetônio, biógrafo de Nero, a relação dos dois não era boa, e o imperador acabou mandando matar a genitora; fato contestado por alguns historiadores.

Suetônio diz que Nero tentou envenenar Agripina, fez o teto do quarto desabar em cima dela enquanto dormia, sabotou um barco para que ela se afogasse e, finalmente, depois de sucessivos fracassos, mandou um soldado esfaqueá-la. Saber que ambos realizavam operações espirituais no Rio de Janeiro, mil e novecentos anos depois da morte do imperador, chegou a me comover de certa forma.

Nero, o que baixava no Rio de Janeiro, chegou a dar entrevistas (a mais famosa foi para o jornalista Sérgio Cabral, o pai). Costumava apostar no bicho, invariavelmente no cavalo. Dentre seus pacientes mais famosos estava Antonio Carlos Jobim. Tom chegou a tomar uísque com o espírito do imperador.

Segundo o próprio espírito, grande parte da população da Roma Antiga tinha reencarnado no subúrbio carioca, entre Cavalcante, Tomás Coelho, Piedade, Quintino, Engenheiro Leal e Cascadura. Para Madureira, tinham ido espíritos dos mortos de Constantinopla, bastante insatisfeitos porque nem a Portela nem o Império Serrano faziam enredos sobre a ascensão e a queda do Império Bizantino.

Sobre o episódio mais popular a respeito do imperador, o Nero carioca negava ter mandado incendiar Roma. Em uma entrevista, chegou a dizer com sotaque italiano: incendiei nada, malandro. Acha que sou maluco?

8. "NEGA LUZIA"

HÁ DIVERSAS polêmicas sobre o famoso grande incêndio de Roma, ocorrido em 64 d.C. O fogaréu devastou dois terços da cidade, destruiu prédios importantes e ainda tem origem controversa. A mais consistente atribui o sinistro a um acidente, provavelmente causado pelo hábito que alguns romanos tinham de acender lareiras para o aquecimento das casas e a preparação de refeições.

Outra versão atribui a Nero o início do incêndio. Nessa pegada, o imperador teria provocado o incêndio para construir, nas áreas devastadas pelo fogo, um complexo palaciano que tinha sido vetado pelo Senado. Nero ainda teria aproveitado para atribuir a culpa pelo fogaréu aos cristãos, ordenando inclemente perseguição aos devotos de Cristo.

No imaginário popular, sobrou para Nero mesmo, que ainda levou a fama de ter ficado tocando lira enquanto a cidade ardia.

Aqui no Brasil, a controvérsia sobre quem tacou fogo em Roma permanece. O espírito de Nero, que baixava no subúrbio carioca para promover curas, negava ter provocado o incêndio. No samba "Nega Luzia" (Wilson Batista e Jorge de Castro), a sentença é definitiva. Em síntese, a letra da música conta a história de Luzia, presa ao querer botar fogo no morro. Os moradores, entretanto, fazem uma vaquinha para pagar a fiança da nega e livrá-la da cana. A coitada, afinal, não teve culpa no cartório. O vilão da história é outro: "O silêncio foi quebrado/ por um grito de socorro/ a nega recebeu um Nero/ e queria botar fogo no morro." E estamos conversados.

9. NINGUÉM FOI FUNCIONÁRIO PÚBLICO EM BARBACENA

DE TODAS as versões sobre o processo de impeachment do presidente Fernando Collor de Mello, no início da década de 1990, a mais espetacular, sem dúvida, foi apresentada pelo próprio numa entrevista à revista *Playboy*: Collor descobriu, durante uma regressão hipnótica, que em outra encarnação foi o imperador d. Pedro I.

Imagino que o presidente tenha entrado em transe e se enxergado de bigodes, ao lado de d. João VI, andando de velocípede pelos salões imperiais e atropelando seu irmão mais novo, d. Miguel.

Impressionado com a história de Collor e d. Pedro I, recorri ao Google para estudar um pouco mais sobre esse negócio de regressão. Achei coisas do arco da velha. Listo os relatos que mais me impressionaram:

- Um lutador de vale-tudo descobriu que foi uma cigana sensual, amante de um vice-rei, assassinada numa taberna de Sevilha no século XVII.

- Um empresário goiano do ramo de laticínios foi Pôncio Pilatos. Descobriu, por isso, de onde vinha sua mania de lavar as mãos duzentas vezes por dia, inicialmente diagnosticada como um transtorno obsessivo-compulsivo. Ficou curado.
- Uma dona de casa de Ribeirão Preto foi amiga de Joana d'Arc e morreu queimada pelo Santo Ofício da Inquisição. Tem, por conta disso, medo de fogueira até hoje e nunca se divertiu em festas juninas.
- Um artista plástico foi um ovo de codorna comido pelo poeta Olavo Bilac na Confeitaria Colombo, durante a Belle Époque carioca.
- Uma atriz, aos prantos, descobriu que foi uma árvore amazônica, derrubada para a construção da Estrada de Ferro Madeira-Mamoré.
- Clóvis Bornay teve a convicção, depois de uma regressão comandada por um erê de umbanda, de que em outra vida foi Nabucodonosor, o dos jardins suspensos da Babilônia.
- Há, pelo menos, doze relatos de brasileiros que foram faraós no Egito Antigo, em diversas dinastias.

Não vou entrar no mérito desse negócio de vidas passadas, já que o restaurante que serve farofa não liga o ventilador de teto. Sou obrigado apenas a constatar que nós, os brasileiros, em se tratando de outras encarnações, somos dotados de uma megalomania espiritual impactante. Explico.

NINGUÉM FOI FUNCIONÁRIO PÚBLICO EM BARBACENA

Os casos que andei bisbilhotando são todos espetaculares. Reunimos, no Brasil, hordas de centuriões romanos, imperadores chineses, beduínos do deserto, faraós, rainhas, pajés, profetas do Velho Testamento, apóstolos, guerreiros tuaregues, cavaleiros da infantaria de Gengis Khan, astrônomos queimados pela Inquisição, papas, dançarinas de cabarés parisienses (invariavelmente assassinadas por ciúmes) e quejandos.

Não encontrei um mísero caso em que o sujeito tenha descoberto que foi funcionário de uma repartição pública em Barbacena, por exemplo. Uma dentista carioca garantiu que em sua encarnação mais recente foi Gabriela. Que Gabriela? A personagem de Jorge Amado, amante do turco Nacib.

Sei não, mas tenho uma desconfiança sobre isso tudo. Será que essa rapaziada está se recordando, na verdade, de cenas de carnavais passados, entranhadas na mais profunda infância, em que todos éramos odaliscas, soldados, sheiks árabes, havaianos, caciques, chineses, melindrosas e outros babados? Quem há de saber. De toda forma, morro de medo de fazer uma regressão e descobrir que apunhalei Júlio César nas escadarias do Senado romano.

10. NOSSOS FANTASMAS

O ESCRITOR Alberto Mussa, craque em sentenças lapidares (só perde no quesito para Nelson Rodrigues), afirma que a história de uma cidade pode ser conhecida a partir de seus crimes. Eu acrescentaria nesta sentença os fantasmas. A história de uma cidade pode ser contada perfeitamente a partir de seus fantasmas.

Por aqui os mais velhos falavam do caso do "Diabo de Irajá", uma menina de Costa Barros que de tanto chamar o demônio acabou consumida por um fogaréu saído de um buraco. Não sou do tempo do "Diabo de Irajá", mas os coroas garantem que a turma da região tinha um medo danado de cruzar com a assombração da menina que o cramulhão incendiou.

Os fantasmas que assombraram a minha infância foram o Bebê-Diabo, a Loira do Banheiro, que com algodões em sangue nas narinas agarrava crianças em escolas, e o Homem do Saco, que sequestrava a molecada na saída dos colégios. Tremia ao ouvir a história de Bárbara dos Prazeres, a bruxa do Arco do Teles, que atacava crianças e gargalhava às madrugadas. A Mulher de Branco, que pegava um táxi na porta do cemitério, e o trem que saía de Santa Cruz levando mortos até a Central do Brasil também faziam parte do meu inventário de pavores.

Mais velho, conheci a história do fantasma do Largo da Segunda-Feira, na Tijuca. O sujeito, assassinado na região no século XVIII (e o largo tem esse nome porque o crime aconteceu em uma segunda), assombrava pessoas que faziam compras em um supermercado construído na região do crime. Consta nas conversas de rua que o mercado resolveu o problema de forma secreta, convocando um paranormal que, no currículo, apresentava sucesso em despachar fantasmas que assombravam um restaurante em Vaz Lobo e, segundo o próprio, tinha um certificado de exorcista emitido pelo arcebispo.

11. LUGARES ASSOMBRADOS

ALGUNS PONTOS do Rio de Janeiro são moradias preferenciais de fantasmas. O poeta Olavo Bilac já foi visto algumas vezes assistindo a óperas no Theatro Municipal e sassaricando na porta da Confeitaria Colombo. Funcionários da Quinta da Boa Vista de vez em quando topam com uma assombração que, pela descrição que fazem, é a imperatriz Leopoldina.

O castelo da Fundação Oswaldo Cruz deve ser, pela quantidade de relatos, o lugar mais assombrado da cidade. O centro de excelência da ciência brasileira é também palco de aparições fantasmagóricas diversas. Uma delas, evidentemente, é a do próprio dr. Oswaldo Cruz, médico sanitarista que, a despeito de não acreditar em fantasmas, não parou de se interessar pela saúde pública mesmo depois de ter virado um deles. Diversos cientistas que trabalham na Fiocruz, mais ateus que uma porta, juram ter visto o dr. Cruz compenetrado, fazendo suas pesquisas.

12. FANTASMAS CONTEMPORÂNEOS

O DESENCANTAMENTO da vida adulta me fez desacreditar dos fantasmas da infância, mas trouxe assombrações bem mais apavorantes e concretas. Penso, por exemplo, no "homem dos boletos", cujo espectro vaga pela cidade toda. Ele enche as caixas de correspondência e os e-mails com dezenas de boletos diários, os mais apavorantes. Onipresente, ninguém sabe de onde veio e para onde vai. O homem dos boletos é um espírito obsessor imune a sessões de descarrego, ebós e toda sorte de mandingas.

Outra assombração capaz de apavorar o meu cotidiano é a do "homem de bem temente a Deus". Perigosíssimo, está o tempo todo nas ruas, restaurantes, locais de trabalho, assembleias legislativas, gabinetes governamentais, grupos de WhatsApp, redes sociais etc. Dotado da iracunda certeza dos ungidos, é o morto-vivo histriônico, incapaz de admitir que alguém não reze em sua cartilha comportamental. Curiosamente, o único que pode escapar das regras é ele mesmo, que costuma atuar como vestal em público e faz exatamente o que condena nos bastidores.

13. FANTASMAS DO PASSADO

O BRASIL é especialmente pródigo em assombrações que saíram das brumas dos séculos passados e vagam por aí: o capataz, o senhor de engenho, o feitor, o bandeirante apresador de indígenas e destruidor de quilombos, o bacharel pedante, o machão reprodutor e o santo inquisidor são alguns deles. Aparecem toda hora, não escolhem o local, acham que estão ainda no século XVI, no tempo das casas-grandes e senzalas, das moendas e plantações. Não foram devidamente despachados. São verdadeiros carregos que se recusam a ir embora.

Confesso preferir os fantasmas da infância. O pavor que temos deles passa com o tempo. As assombrações da vida adulta, aquelas saídas de um Brasil arcaico que se recusam a ir embora, são bem mais apavorantes e ainda colocam uma questão que precisamos encarar: em que medida esses fantasmas somos nós?

14. KONGA E EU

NÃO FUI bom aluno nos meus tempos de colégio. Me safava em geografia, história, português e educação física (sempre a minha melhor matéria) e claudicava fragorosamente nas outras. Penso nas dificuldades que sempre tive em biologia – com suas plantas, esqueletos, aparelhos reprodutores, teorias sobre a origem da vida e o escambau. Eu era um desastre.

Houve, porém, uma ocasião em que me destaquei na feira de ciências do colégio – apesar de ter recebido nota zero de uma comissão avaliadora e de meu avô ter sido chamado para uma conversa sobre meu comportamento. A razão é simples; meu grupo explicou a teoria da evolução de Darwin a partir da transformação de uma moça em Konga (em alguns lugares era a Monga), a mulher-gorila dos parques de diversões.

Konga foi uma obsessão da minha infância. Lembro-me como se fosse hoje do impacto de ter entrado pela primeira vez, no Tivoli Parque, em uma sala na penumbra e assistido ao processo de transformação de uma jovem em gorila ferocíssima. Acabei vendo o troço umas duzentas vezes. Era inesquecível.

A transformação de Konga despertava em mim um temor violento, e era, ao mesmo tempo, um negócio excitante. Aquela mulher fechando os olhos, se concentrando e virando uma fera prestes a atacar mexia com os fantasmas mais profundos da meninada.

É evidente que esse processo de transformação era ideal para demonstrar numa feira científica, através de uma espécie de máquina do tempo, os fundamentos da teoria darwinista da evolução. Konga, de certa forma, fazia o processo inverso da cadeia evolutiva da humanidade – do ser humano ao símio.

O meu grupo, digo sem modéstia, fez um trabalho brilhante. Levamos uma boneca e um gorila de brinquedo que acompanhava algumas aventuras do boneco Falcon (quem se lembra dele, com barba e sem barba?).

Simulamos todo o processo de transformação da Konga, com narração dramática e tudo (foi a minha locução, aliás, que fez a direção do colégio convocar meu avô para saber se eu estava com problemas emocionais). No final, concluímos ressaltando que a Konga era a teoria do Darwin invertida. Simples e brilhante. Não falamos mais nada.

Os avaliadores, porém, demonstrando absoluta falta de sensibilidade para julgar um trabalho do porte do nosso – dinâmico e inovador –, tascaram um zero categórico no grupo todo.

KONGA E EU

Daqui, às margens do rio Maracanã, faço essa confissão como uma espécie de homenagem àquelas jovens que ralavam em centenas de parques de diversões do Brasil representando a mulher que vira gorila. Eu juro, Kongas, que vocês são das maiores atrizes que vi atuar.

Duvido que qualquer diva famosa seja capaz de despertar as sensações de medo, paixão e mergulho na aurora da humanidade que vocês, com tanto talento, despertaram um dia. Fiquem com a minha gratidão e o meu amor.

15. EU E CARLINHOS

FUI UMA criança marcada pelo sequestro do menino Carlinhos. Ouso dizer que minha geração inteira foi. Para quem não sabe do que se trata, Carlinhos foi um garoto que desapareceu de casa, na rua Alice, em Laranjeiras, e nunca mais foi visto. Lourinho, baixinho e meio sardento, Carlinhos foi raptado durante um blecaute. A mãe do garoto iniciou uma peregrinação comovente atrás do paradeiro do filho.

O sequestro de Carlinhos me atingiu de duas formas. Primeiro, com as ameaças que minha tia Lita começou a fazer. Para evitar que eu falasse com estranhos, aceitasse balas de desconhecidos e coisas do gênero, ela me apavorava com a sentença lapidar:

– O próximo é você; vão te raptar que nem o Carlinhos.

A outra forma foi mais impressionante. Em certo momento de minha infância comecei a achar que Carlinhos era eu. Minha mãe, meu pai, meus avós, irmãos, tudo era falso. Eu tinha sido arrancado da minha família original em um sequestro fulminante, sofrido uma espécie de lavagem cerebral, recebido um novo nome e coisas do gênero. O impacto dessa certeza foi enorme.

Não faço ideia de como acabei me convencendo de que eu era mesmo filho de minha mãe e meu pai e neto dos meus avós. Ou melhor, faço ideia, sim. Acontece que, após o macabro caso do ator Sérgio Cardoso – boatos no Rio de Janeiro davam conta de que ele tinha sido enterrado vivo e passara meses esmurrando o caixão –, meu temor maior foi sofrer do mal de Lázaro. A certeza de que seria enterrado vivo deve ter apagado essa estranha sensação de que Carlinhos era eu.

Foi por isso que me solidarizei de imediato com Laudelino Fô. Algum leitor, leitora, se lembra dele? Laudelino, um jovem catarinense, deu declarações aos jornais revelando que era Carlinhos. A imprensa aproveitou a deixa e deitou e rolou. Fotos foram comparadas; especialistas em formatos cranianos foram consultados.

A mãe de Carlinhos conheceu Laudelino e achou que ele poderia ser o filho desaparecido. Depois de meses nessa expectativa, exames comprovaram que a chance de Laudelino ser Carlinhos era menor que a de um chimpanzé, analisado comparativamente.

Fiquei impressionadíssimo com isso. Lembro-me de um especialista afirmando:

– O chimpanzé tem mais chance. O Laudelino está fora do páreo.

Confesso que me senti agoniado com a situação. Eu, que uma época fui o menino Carlinhos, posso afirmar que a expectativa da comprovação que não vem é torturante.

16. PRECISAMOS FALAR SOBRE A LOIRA DO BANHEIRO

OUTRO DIA passei horas mergulhado em uma pesquisa de altíssima importância: ando tentando refazer a trajetória do Bebê-Diabo, a estranha criatura nascida em São Bernardo do Campo com chifres, rabo, barbicha e voz cavernosa. Um dia, o monstrinho entrou em um táxi, mandou o motorista – que o tratou cordialmente como "seu Bebê-Diabo" – tocar para o inferno e desapareceu. O pobre do taxista foi encontrado desacordado, na porta de um cemitério.

Agora estou me dedicando ao estranho caso da loira fantasma que assombrou o Brasil nas décadas de 1970 e 1980. Já achei reportagens e entrevistas com um papa-defuntos que conversou longamente com a loira e com um taxista que foi estrangulado por ela e quase morreu. Essa assombração era fogo na roupa.

Neste aspecto do Brasil fantástico, meu repertório de temores infantis foi variado, e vez por outra falo sobre ele. Cresci convencido de que seria sequestrado como o menino Carlinhos; enterrado vivo feito o ator Sérgio Cardoso; de que morreria engasgado com uma bala Soft e um dia seria alcançado pelo abraço de Konga, a mulher-gorila.

Eu acreditava que todo doce vendido na porta do colégio continha drogas perigosíssimas; que garrafas de Coca-Cola vinham com vidro moído e que linhas de pipa com cerol degolavam vinte crianças por dia, que então viravam fantasmas em busca das cabeças perdidas. Ralos de piscina prendiam meninos pelo piru. A única forma de libertar as vítimas era cortando o bilau com uma tesoura.

Mas quero mesmo é falar da loira fantasma. Ela foi um pavor da minha infância, sobretudo em sua versão mais famosa: a Loira do Banheiro, que atacava crianças nos banheiros das escolas e aparecia sempre com algodões nas narinas e nos olhos vazados.

Por causa dela fiz xixi nas calças mais de uma vez no colégio. Preferia mil vezes correr o risco de molhar as calças a ter que me deparar com a loira. Ficava com a bexiga explodindo, mas a simples possibilidade de ser estrangulado e afogado na privada me fazia assistir à aula toda, feito um estoico. Só corria ao banheiro no recreio, quando a movimentação era bem maior e o número de vítimas potenciais diminuía meus riscos.

Quando meu filho era mais novo, tentei convencê-lo da existência da Loira do Fast-Food, que mata crianças no banheiro das lanchonetes para que a carne defunta seja usada em sanduíches. Foi uma tentativa pedagógica de afastar o moleque do fast-food e melhorar a alimentação dele. Fracassei. O petiz adorou saber disso, quer ir ao McDonald's com mais frequência. Ainda arrematou com um "caraca, que maneiro!" e perguntou se existe algum game com a loira perseguindo as pessoas dentro da lanchonete.

Foi mais um contato, eu diria brutal, com o tal de choque de gerações. Um mundo em que ninguém conversa com assombração e ninguém aparece eventualmente estrangulado pela loira fantasma é desalentador. De toda forma, fica a dica para quem é craque em desenvolver joguinhos e aplicativos: a loira morta é um ótimo personagem para games.

17. ENTRE EROS E TÂNATOS

UM DIA, eu era bem moleque, uma amiga da minha avó me deu um pacotinho de balas Soft de variados sabores. Quando fui abrir – contentíssimo – a primeira bala, minha querida tia Lita discursou pausadamente:

– Essa é a bala que costuma matar as crianças engasgadas. Outro dia li no jornal que é uma morte horrível; a criança não consegue respirar e não tem quem salve. Ontem mesmo morreu um garoto da sua idade perto do meu trabalho. Morrem, em média, vinte crianças por minuto dessa maneira no Brasil. Sabe onde essa bala foi inventada? Quer que eu diga? Na União Soviética. Foram os comunistas, que nunca gostaram de crianças vivas.

Pronto. Foi o suficiente para que eu tivesse apenas uma certeza na vida. Eu morreria engasgado se comesse aquela bala. Vivi, desde então, o dilema profundo entre o prazer de chupar balas e o risco de bater as botas engasgado, sem respirar, agonizando no meio da rua, na sala de aula, no recreio do colégio.

Passei a ter, com aquelas balinhas coloridas, a mesma relação doentia que d. João VI tinha com os peixes. Apesar de adorar comê-los, d. João quase morreu engasgado com uma espinha durante um rega-bofe na Quinta da Boa Vista. Coube ao visconde de Abrunhosa – um médico de certo renome – livrar o augusto soberano do momento extremo. Desde então, Sua Alteza preferia fazer uma dietinha baseada em inocentes coxinhas de frango (umas quarenta por dia).

Quando contei esse meu dilema de antanho – chupar a bala gostosa × morrer por causa disso – a uma psicanalista, a doutora encarou a coisa com seriedade e desfilou uma lenga-lenga interminável sobre as tensões entre Eros e Tânatos e os dilemas do homem dividido entre o prazer e a dor. Antes que a dona descobrisse em mim uma desconhecida propensão sadomasoquista, cortei o assunto e passei a falar do sequestro do menino Carlinhos e do amor entre dona Redonda e seu Encolheu na novela *Saramandaia*.

Hoje – mais maduro –, reflito sobre as balas e concluo que elas tinham para mim um significado parecido com o da Konga, a mulher-gorila. Ao mesmo tempo que a transformação da mulher em macaca era assustadora – e eu invariavelmente saía correndo –, aquela cena da moça virando fera era apaixonante.

De certa forma, caríssimos, esses são mesmo os únicos dilemas relevantes na vida: comemos as balas sob o forte risco do engasgo fatal? Ficaremos na sala, enfrentando nossos fantasmas, esperando a Konga sair enfurecida em nossa direção para ver que bicho vai dar?

Eu sempre fui, confesso, meio covarde, adepto da solução a d. João VI: entre o prazer de saborear o peixe e o risco da espinha, prefiro mesmo inocentes coxinhas de frango.

18. WILSON MOREIRA E SHAKESPEARE

EU RITUALIZO muita coisa na vida e crio meus santos. Rezo para Bach, dona Ivone Lara, Nossa Senhora do Rosário, Shakespeare, Guimarães Rosa, Patativa do Assaré e Pixinguinha. E rezo para o baobá Wilson Moreira, que nos deixou em 2018.

Carioca das encruzilhadas entre Padre Miguel e Realengo, nascido na rua Mesquita, perto da Vila Vintém, Moreira condensou em sua trajetória grande parte da história do samba. Filho de dona Hilda Balbina, mineira de Matias Barbosa criada entre Paraíba do Sul e Avelar, neto de jongueiros e sanfoneiros de rodas de calango, Moreira trazia como vivência as referências da enzima ancestral do Congo e de Angola que catalisou o samba brasileiro.

Melodista inspirado – a meu juízo está ao lado de Bide do Estácio como o maior da história do samba do Rio de Janeiro –, Wilson Moreira formou com Nei Lopes, outro gigante, uma dupla seminal na história da melhor música do Brasil. Bide e Marçal, Bosco e Blanc e Moreira e Lopes formam a minha santíssima trindade das tabelinhas que construíram a aventura do samba brasileiro.

Há uma canção que me encanta de forma especial na parceria. Um dia Wilson e Nei resolveram bater bola com Shakespeare e imaginaram a trilha sonora da cena do balcão de Romeu e Julieta — a mais famosa do amor entre o moço Montecchio e a menina Capuleto.

Daí surgiu o samba "Deixa clarear", com melodia celestial do Wilson e letra inspiradíssima do Nei, gravado pela Clara Nunes:

"Ainda é madrugada/ Deixa clarear/ Deixa o sol vir dourar os cabelos da aurora/ deixa o dia lá fora cantar a canção dos pardais/ É cedo, meu amor/ Fica um pouquinho mais."

Um dos antecedentes de *Romeu e Julieta* é a história de Píramo e Tisbe, contada pelo poeta Ovídio em suas *Metamorfoses*. Wilson, Nei, Shakespeare e Ovídio acabaram formando uma linha de frente que é pura arte.

Acho que o bardo inglês e o poeta romano vibrariam com "Deixa clarear". Imaginem a honra que é ser parceiro de Wilson Moreira e Nei Lopes.

19. A GALINHA-D'ANGOLA DA INTENDENTE MAGALHÃES

CORRIA O ano de 2006. Durante o desfile das escolas do grupo de acesso do Rio de Janeiro, um destaque da Flor da Mina do Andaraí (belo nome para uma agremiação) mandava beijos e se esbaldava diante de um público quase inexistente, afastado por uma chuvarada que caiu antes do desfile. O sujeito estava fantasiado de galinha-d'angola no reino dos orixás – tive a curiosidade de perguntar ao final do cortejo o nome da fantasia.

O curioso é que o enredo se intitulava "Da aldeia do Andira-Y, da cadeirinha ao metrô, eu também vou" e parecia descrever a história dos transportes no Brasil. O samba começava com os versos "Tupã abençoou esse destino/ Jaci vagueia na tribo dos Carajás"; lá pelo meio saudava o "Brasil, pátria-mãe gentil/ No ventre da fêmea, progresso florindo/ Vejam nas pinturas de Debret"; e terminava de forma surpreendente: "O metrô fazendo integração do transporte da nação."

Onde encaixar a galinha-d'angola?

CRÔNICAS EXUSÍACAS E ESTILHAÇOS PELINTRAS

De forma detetivesca, encontrei a explicação para a inusitada fantasia. Dez anos antes, em 1996, o folião tinha desfilado na União da Ilha do Governador, no enredo "A viagem da pintada encantada", que versava sobre os mitos que envolvem a galinha-d'angola e a cultura religiosa afro-brasileira. Desde então, ajustava a fantasia, reformava a cada ano, e desfilava em escolas de menor porte (que em geral precisam de componentes) com o traje.

Vez por outra a coisa se encaixava. Qualquer enredo sobre a mitologia dos orixás pode perfeitamente ser coerente com alguém fantasiado de galinha-d'angola. Às vezes o negócio ficava mais complicado. De toda forma, o anônimo folião, que durante anos desfilou em escolas de menor porte vestido de galinha-d'angola, é para mim um grande personagem da cidade. No mínimo, um folião de respeito.

O leitor há de concordar: nada mais carnavalesco que o saracoteio de uma galinha-d'angola no reino dos orixás em um desfile que começa na tribo dos Carajás, passa por Debret e termina no metrô da praça Saens Peña.

20. JOGADORES DE RONDA

GEORGES DE La Tour, francês de Lorena, pintou o quadro *Le tricheur à l'as de carreau* (o popular *O trapaceiro com o ás de ouros*) por volta de 1620. O artista era qualquer nota e envolveu-se em confusões diversas ao longo da vida. Tinha fama de vigarista e chegou a ser preso algumas vezes por envolvimento em pancadarias. Das poucas documentações que existem sobre ele, consta um protesto da população de Luneville contra o excessivo número de cachorros que possuía.

Mas retomo o mote deste arrazoado, a pintura de De La Tour sobre um jogo de cartas. Deliro que, se vivesse no Rio de Janeiro, em 1930, De La Tour pintaria algo como *Malandros jogando ronda no Estácio*.

Na ronda estaciana, o dono do jogo embaralha as cartas e expõe duas delas (ás e valete formam a dupla clássica; ás e rei também são usados com alguma frequência) na mesa. Feito isso, embaralha tudo de novo. Os jogadores apostam na carta – das duas que foram anteriormente expostas – que sairá primeiro. O crupiê, então, vai puxando carta por carta com a solenidade que o momento impõe. Quando sai a primeira, os que nela fizeram fé rateiam a grana.

Nos tempos românticos (para quem não os viveu, já que o perrengue era a ordem do dia), o dono da mesa sempre armava uma mutreta com algum parceiro disfarçado de apostador. Havia os especialistas em marcar as cartas de forma quase imperceptível, para que fossem reconhecidas pelo tato. A máxima da turma do Estácio era a de que a ronda era o jogo da malandragem e o jogo do bicho era o jogo de gente honesta.

Suspeito, enfim, que Georges de La Tour pintaria Brancura, Zé Pelintra, o Malandro Miguel, Ismael Silva e dona Maria Navalha jogando baralho se tivesse vivido, em vez de na França do século XVII, na subida do morro de São Carlos nos tempos da primeira escola de samba.

21. ENREDO

O RIO de Janeiro é, dentre inúmeras outras coisas, um hospício a céu aberto. Sabendo do botequim que frequento e que trabalho com carnaval, o camarada resolveu pedir licença, me pagou uma cerveja (um ato que me conquistou) e perguntou se podia falar comigo sobre uma ideia de enredo autoral. Concordei e ele se entusiasmou. Tirou um caderno da mochila e lá estava o título do enredo: "Nietzsche e o eterno retorno do carnaval." O abre-alas já estava rascunhado: um imenso bigode de onde saem personagens com martelos que, ao longo do desfile, vão destruindo as alegorias da escola, representando a demolição que o filósofo faz das ideias preconcebidas. No final, Nietzsche raspa o bigode e surge a imagem de Joãosinho "Zaratustra" Trinta. Ouvi pacientemente, em silêncio, por uns quinze minutos. No fim, ele me perguntou se eu achava que dá para fazer um bom samba-enredo com o tema proposto. Respondi que sim, é claro. Nietzsche e Zaratustra, inclusive, facilitam as rimas.

22. O FOLIÃO E OS MOINHOS

Para Aldir Blanc

MIGUEL DE Cervantes tentou, com o dom Quixote de La Mancha, satirizar os romances de cavalaria. Acabou produzindo uma poderosa metáfora dos sonhos humanos, suas grandezas e misérias, além de escrever o livro mais engraçado que li. Dorival Caymmi dizia que o Quixote é uma Bíblia Sagrada. Como Caymmi nunca errou, eu acredito e rezo o credo no carnaval que se aproxima.

Sempre que penso em um Quixote no reino de Momo, imagino aquele sujeito que vestiu a fantasia e saiu às ruas no carnaval rigorosamente solitário, no máximo na companhia de desajeitados escudeiros catados à sorrelfa em alguma esquina.

É que sou vigoroso defensor de uma ideia que não tem lá muitos adeptos: os maiores foliões são os tristes. O carnaval, definitivamente, não foi feito para os alegres, os festeiros escancarados, as celebridades de camarotes, os baianos de ocasião, as Polianas desvairadas do sonho bom, os colecionadores de abadás que depois da festa serão usados como uniformes de musculação.

A experiência carnavalesca é um descanso na razão. Que cada um, portanto, vista o elmo, a malha e a couraça que lhe for conveniente ao devaneio; na forma de um pierrô apaixonado, um desajeitado palhaço ou alguma provisória melindrosa. Que empunhe a lança e monte o Rocinante que não há. As fanfarras anunciarão, no sassarico da porta da Colombo, o combate de três dias entre o folião e os moinhos.

É necessário brincar, senhores, é urgente esquecer. O verdadeiro devoto de Momo é um morto se esbaldando nas solidões. Brincar o carnaval, para um Quixote ao sul do equador, não é opção. É o juramento de consagração, ao som das fanfarras e bumbos, do mais leal dos cavaleiros.

O Quixote dos nossos tempos – delirando carnavais de delicadezas perdidas – é um folião do bloco do eu sozinho.

23. PELINTRAÇÃO

TRETA DESIGNA, em espanhol (vindo do francês), um golpe de esgrima, mas por aqui acho que cruza mesmo com mutreta, do quimbundo *muteta* (carga), a mercadoria que era escondida nas muambas, os cestos de palha. Nos tempos do Império, o mutreteiro era o craque nas artes e manhas de driblar perrengues do cotidiano escondendo produtos diversos nas muambas que carregava pelas ruas.

24. MALANDRO MIGUEL NA VOZ DE TIÃO CASEMIRO

É POSSÍVEL que o maior cantor do Rio de Janeiro hoje – escrevo no início de 2023 – seja Tião Casemiro, alcunhado no Mercadão de Madureira e adjacências como "a voz de ouro da umbanda". Seu Tião, carioca do Lins de Vasconcelos, tinha sete anos quando foi levado pelo tio, Agostinho de Xangô, à Tenda de Pai Gregório, no Engenho Novo.

A partir daí, não parou mais de correr gira, tocando tambor e cantando. Aos catorze anos, foi confirmado ogã no terreiro de dona Mariazinha Fiuper, nos conformes do omolokô. Durante mais de quatro décadas, Tião foi o ogã principal da Tenda do Caboclo Rompe Mato, dirigida pela falecida mãe Arlete Moita.

O fato é que seu Tião está, para os concursos de curimba que escolhem as melhores vozes da umbanda, como Clóvis Bornay para os concursos de fantasia de luxo no carnaval: é hors-concours.

Dito isso, confesso que nos tempos mais recentes nada me arrepiou mais do que ver e ouvir seu Tião Casemiro cantando um ponto do Malandro Miguel. A voz do velho ogã, que mais parece anunciar a erupção próxima de um vulcão, juntou-se à saga fabulosa do malandro que anda baixando nos terreiros da cidade.

O Malandro Miguel é simplesmente o famoso Miguelzinho, um personagem histórico bastante popular na boêmia do Rio de Janeiro. Fanático pela Portela, vascaíno, mestre do baralho e das sinucas da Lapa, apaixonado por uma francesa amiga de Madame Satã, foi citado por Wilson Batista no samba "História da Lapa", gravado por Nelson Gonçalves, ao lado dos capoeiristas Camisa Preta, Meia-Noite e Edgar.

Foi assassinado, segundo ele mesmo relata, na grossa trairagem, durante uma jogatina no Jacaré. Como a morte é só um detalhe, Miguelzinho começou a descer nas umbandas. É, portanto, um malandro encantado relativamente novo, grande protetor dos que trabalham na madrugada e dos que ficam perambulando pelas ruas da cidade depois que a noite cai.

25. O CHEFE

HOUVE UM tempo em que frequentei os botequins nos arredores da Praça da Bandeira, região do Rio de Janeiro que marca os limites entre o centro e a zona norte da cidade. Meu filho estudava em uma escolinha próxima da Praça e eu o buscava todo dia.

Normalmente, chegava mais cedo e parava para tomar umas geladas num botequim de quinta categoria da rua Ibituruna. Certa feita, assistia ao segundo tempo de algum jogo que passava em uma televisão velha para dedéu e troquei umas ideias com um senhor. O mais velho chegou pisando manso no balcão e me disse:

— Ainda bem que a gente trabalha pra tomar uma cerveja.

Feito o contato, ele então perguntou o que eu fazia. Disse que dava aulas em um colégio e devolvi a pergunta. O mais velho mandou de prima:

— Sou chefe de cozinha internacional. Aliás, o certo é *chef de cuisine*, mas prefiro falar cozinha mesmo. Os ignorantes acham que *cuisine* é cuzinho.

Continuamos bebericando e vendo a pelada. Na hora de cantar para subir – sou pontual e sempre tive horror de deixar criança esperando na saída da escola –, o coroa me disse:

– Olha aí, se você vier de carro pela área é só procurar o Ceará e estacionar perto do Instituto Isabel. Sou eu mesmo que tomo conta. Ceará, ao seu dispor.

– Eu não tenho carro, seu Ceará. E, aliás, o senhor não é chefe de cozinha internacional?

E o Ceará, com autoridade, elucidou a questão.

– Sou. Mas nunca quis trabalhar em restaurante. Só cozinho mesmo na minha casa, e só faço comida internacional. Nem adianta me pedir arroz, feijão, bife e ovo. Um dia o amigo vai experimentar. Meu trabalho atual é guardar carro, mas isso é só o meu trabalho. Eu sou mesmo é *chef de cuisine*.

26. JOIAS NO PREGO

EM *O beijo no asfalto*, Nelson Rodrigues cria uma cena em que o personagem principal, Arandir, atende ao último desejo de um moribundo e lhe tasca um beijo em seguida a um atropelamento. O caso vira um escândalo, alimentado por um repórter sensacionalista e um delegado. A reputação do Arandir vai para as cucuias. O personagem que pediu o beijo tinha sido atropelado na Praça da Bandeira, quando levava as joias da família para botar no prego.

Não quero falar de Nelson Rodrigues e nem de *O beijo no asfalto*. Citei a cena para registrar que houve um tempo em que um clássico da classe média no aperto era meter as joias da família no prego. A penhora era uma verdadeira instituição cívica – e triste – das famílias com a corda no pescoço.

Em tempos bicudos, filas se formavam na frente da Caixa Econômica da Praça da Bandeira. Tinha de tudo: o sujeito que não conseguia resgatar as joias no prazo e acabava pedindo empréstimo para comprá-las de volta no leilão, para evitar crise familiar. O aprendiz de trambiqueiro que comprava as joias não resgatadas em leilão (eram mais baratas) para empenhar de novo e ganhar algum dinheiro. O outro que empenhava as joias escondido para resgatar no último dia, torcendo para a família não descobrir. O casal que empenhava as alianças para terminar de pagar a lua de mel e a prestação do apartamento. O sujeito que botava as joias no prego para investir dinheiro em uma linha telefônica (cresci achando que quem adquirisse vinte linhas telefônicas tinha o futuro assegurado).

O prego ainda existe, mas bem mais discreto. As cenas de correria, casais brigando na frente da Caixa, gente desmaiando em filas, agiotas se oferecendo para comprar as joias em condições de resgate aparentemente mais fáceis eram mais comuns que andar para a frente.

De certa forma, o prego sempre me comoveu. Cada joia empenhada guarda alguma história de frustração bordando o desapego. O registro definitivo do prego no cotidiano da turma do perrengue está nos versos doídos de Aldir Blanc (parceria com Raphael Rabelo) em "Anel de ouro":

"Dessa paixão só resgatei/ No prego o anel de ouro que eu te dei."

27. PELINTRAÇÃO

O CONSULENTE indaga seu Zé Pelintra em um terreiro da Lapa:
— Seu Zé, por que é que o senhor, que baixava no catimbó nordestino descalço, no Rio só chega na gira calçado?
E o malandro responde de bate-pronto:
— Eu uso sapato pra continuar descalço.

28. FANTASIA

NO CARNAVAL, diante de convites para alguns bailes carnavalescos, adoto a seguinte estratégia: não vou a vários deles, mas digo depois que fui. Vou a alguns, mas afirmo depois que não fui. Não é mentira. Quando tudo corre bem no carnaval, em algum momento esqueço mesmo onde estive e não estive.

O carnaval precisa guardar alguma característica de festa de velamentos, frestas e moitas, apesar de o folião virtual – esse tipo que grassa no carnaval do século XXI – ser um escancarado que faz questão de compartilhar nas redes sociais toda a sua programação carnavalesca. Alguns colocam no pacote até selfie em banheiro, carta de bebidas, fotos com celebridades de terceira categoria e explicação detalhada da produção da fantasia.

O folião explícito, aterrorizante em sua vontade de compartilhar alegria, originalidade e delírio, é, antes de qualquer coisa, um desagradável e chato em potencial. Fujam dele. A mínima experiência que tenho em carnavais me permite dar o toque: só confio no folião que se fantasia para ele mesmo. A fantasia, paradoxalmente, é um esconderijo, um bunker de guerra e um portão arrombado para a exibição pública da alma.

29. A PRAÇA É DA PATOTA DE COSME

VEJO DA janela um bando de crianças brincando na praça e logo imagino que nada representa mais a ideia de cultura para mim do que este fato: a zorra que a criançada faz brincando na rua. Os moleques estão atazanados, como diriam os mais velhos.

Fico meia hora a observar a garotada quizumbando o chão e acontece tudo que o campo da cultura para mim apresenta: consenso, tensões, recriações constantes, apagamentos, influências mútuas, assimilações de comportamentos, diferenças inconciliáveis, afetos partilhados, jogo, carinho e, eventualmente, porrada. Sem linearidade, mas de forma circular, onde tudo vai acontecendo ao mesmo tempo. Ciranda de roda.

Vamos brincar dessa maneira? Vamos! Não; vamos brincar de outra forma. Você faz assim, o outro faz assado, a gente brinca junto, mas tem quem não queira brincar. Me ensina a chutar dessa forma, eu te ajudo a subir no trepa-trepa, não quero ouvir o que você fala, vamos cantar juntos, vou te ensinar um jogo, quero uma camisa igual à sua, canto essa música de outra maneira, te ensino isso e você me ensina aquilo, vou te dar um abraço, vou te dar um soco, me dá um pedaço de algodão-doce.

Por cultura, afinal, entendo um conjunto incessante de modos de inventar a vida que caracteriza os grupos sociais: maneiras de nascer, dançar, cantar, comer, amar, ter medo, se vestir, celebrar nascimentos, lamentar os mortos, torcer, rezar, jogar, criar e recriar sentidos para aquilo que, aparentemente, não tem sentido algum: a vida.

Quando me pego pensando nessa encrenca que é o Brasil, percebo a brasilidade como uma praça de elaborações de sentidos que é tensionada (e tensiona), é afetada (e afeta), escapa, ginga, joga, faz mandinga e desconforta o Brasil oficial. Por Brasil oficial, me refiro aqui a um projeto institucional fundamentado na exclusão, na espoliação, na aniquilação de corpos, saberes e percepções de mundo desconfortáveis e desafiadoras ao projeto normativo, branco e patriarcal.

O Brasil como encrenca só pode ser minimamente decifrado escapando das zonas de conforto do pensamento: identidades fixas, mitos de origem imaculados, essencialismos não sujeitos às rasuras, tensões, criações, recriações, afetações, batalhas, belezas e horrores que confrontam a aventura insistente da vida contra os projetos contundentes da morte.

Enquanto matuto sobre isso, as crianças continuam na praça, trocando experiências, expressando sentimentos de mundo em corpos serelepes que, cada um a seu modo, parecem querer alçar voo em direção ao imponderável espaço em que a vida pode ser possível como brincadeira de alegria e liberdade.

No fim das contas, é disso mesmo que deveríamos ser feitos: de trocas, compartilhamento de expectativas, astúcias, desafios inventados, sanidade de corpos miúdos que se arriscam em gangorras, balanços, escorregas.

A meninada malandra sabe que a vida não é feita da gente ou do outro; mas da gente e do outro; com o outro. Mesmo que não seja eventualmente por amor. Mesmo que seja só para que a diversão – como jogo – incessantemente continue. Mesmo que de vez em quando o pau quebre entre os guris.

30. LENDO O MUNDO

UM DIA o meu filho, nas conversas de esperar o sono, me perguntou quem era o Jó da cantiga dos "escravos de jó que jogavam caxangá". Contei ao moleque que esse jó não é uma pessoa. A expressão vem da palavra em quimbundo *njó*, casa. Escravos de jó são, portanto, os escravizados de casa. Caxangá é um jogo de pedrinhas e tabuleiro.

O moleque achou que eu estava zoando com a cara dele. Aproveitei a deixa e contei que em nhungue, outra língua banta, *tsuera* significa escárnio. Vem daí, provavelmente, a nossa carioquíssima "zoeira", "zoar", "zoação". Benjamin, o meu filho, gostou, e perguntou se aprenderia essas coisas no colégio. Respondi que provavelmente não, e ele fez um muxoxo.

Penso constantemente sobre a criação do meu filho e das crianças brasileiras. É de tirar o sono. Precisamos de pedagogias cruzadas, que estimulem a meninada a conhecer o livro, o tambor, as sabedorias dos brincantes, o rumo dos ventos, os dizeres das folhas, a prosa do mato, o canto da praia, a sinfonia, o brado do bugre, os umbigos enterrados, as simpatias de

CRÔNICAS EXUSÍACAS E ESTILHAÇOS PELINTRAS

Dindinha Lua, o baile, a bola, a esquina, o brinde no balcão, o saber do outro; todas essas coisas.

Rezo ao Tempo para que nossos moleques tenham a capacidade de se abrir generosamente para as encruzilhadas em que o mundo se arvora grande.

31. DIVERSÃO

ESCREVO EM um domingo. Meninos e meninas do morro do Turano se esbaldam na praça Afonso Pena, na Tijuca. Jogam futebol e brincam de pique. Alguns andam em velhas bicicletas. Parecem intuir que a diversão é o caminho de alargamento do mundo.

Divertido vem de *divertere*, virar em diferentes direções, de *dis-*, para o lado, mais *vertere*, virar. Diversidade tem a mesma raiz.

Divertido, diverso, diversão, diversidade: a alegria de enxergar as coisas de outras formas, olhar para o lado, interagir com pessoas diferentes. Como deveria ser o pensamento e pode ser a vida; do jeito que ensinam as crianças que continuam fazendo um barulho danado na praça.

32. COTIDIANO

EU ADORAVA recortar notícias dos jornais e guardar numa pasta. Em tempos virtuais, o recorte virou o print. Pois bem. No dia 27 de janeiro de 2020, em meio a diversas notícias que pareciam colocar o mundo em ebulição, printei a informação que mais me interessou: um bode fora flagrado dentro de um ônibus na zona norte do Rio de Janeiro. Segundo testemunhas, o capricórnio portou-se discretamente na viagem e foi aplaudido e parabenizado pelo comportamento exemplar no coletivo. Ao descer no ponto, o bode conduzia um ser humano que também se comportou de forma adequada. Soube-se depois que o bode tinha nome: Oliveira. Bode Oliveira.

33. TERREIRO

CERTA FEITA vi uma foto extraordinária de dona Ivone Lara nos tempos em que desfilava como baiana no Império Serrano. A majestade da grande dama do samba está ali em toda a sua inteireza. Me inspiro no giro imaginado da saia de dona Ivone, penso na força da matriarca e reforço que todo desfile de escola de samba é uma grande macumba afro-carioca, mesmo que nem desconfie disso, e seja qual for o enredo.

Afirmo isso pensando nas inúmeras gramáticas que se apresentam num cortejo no carnaval: baianas girando e evocando nas barras das saias as giras ancestrais; corpos respondendo ao tambor; toques de barraventos, congos e aguerês ressoando entre os desenhos das baterias.

E lá vão as passistas preenchendo o vazio misterioso que entre o tempo e o contratempo sincopam os inusitados do mundo. A imaginação percussiva dos surdos de terceira balança o coreto da normatividade como um Exu dos ventos cavalgando a Guanabara. As alas atravessam a pista construída em cima dos axés plantados dos antigos terreiros da Cidade

Nova, soterrados por reformas urbanas (mas ainda assim ali). O tempo espiralado parece reencontrar todos os corpos e sons que já cruzaram um dia a avenida, no eterno recomeço. Como diz um verso de um samba da Grande Rio (2022), há na capa de Exu caminho inteiro. Todo desfile de escola de samba é macumba. Se não for, simplesmente não pode ser. O que se diz explicitamente numa avenida é a parte menor e menos importante do que está sendo dito. Quem apenas se contenta em molhar os pés nas margens dos rios não tem a mais vaga ideia do que ocorre na profundidade das águas.

34. BUSCANDO A TERCEIRA MARGEM

CIDADES SÃO territórios em disputa, e sobre isso já escrevi algumas vezes. Não tenho dúvidas de que, nesta disputa, prevaleceu no Rio de Janeiro dos últimos anos a lógica de se conceber a cidade como uma empresa.

A cidade-empresa, grosso modo, é aquela preparada para gerar lucro e prioritariamente pensada do ponto de vista urbano para facilitar a circulação de mercadorias. Ela disputa, com outras cidades com o mesmo perfil, investimentos de grandes corporações, turistas e eventos. A Copa de Mundo de 2014 e as Olimpíadas de 2016 consagraram esse modelo no Rio de Janeiro, a partir da união entre poder público, grupos oligárquicos, grandes escritórios de advocacia, setores envolvidos na atividade turística etc.

As escolas de samba, ao contrário do que se imagina, perderam força e poder de negociação em médio prazo nesta cidade-empresa por uma razão evidente: ao contrário do futebol e dos jogos olímpicos, desfiles de escolas de samba têm limitações para se inserir nesta lógica.

Um turista sempre saberá o que é um gol, mas terá dificuldades de conhecer alguns códigos de fundamento de uma agremiação carnavalesca (características de baterias, dança da porta-bandeira, coreografia da passista, andamento adequado de um samba-enredo etc.).

Escolas de samba são – em suas origens – instituições comunitárias de construção, dinamização e redefinição de laços associativos e comunitários dos negros cariocas no período pós-abolição. Um desfile de escola de samba tem particularidades incompreensíveis para aqueles que não têm qualquer laço de pertencimento com estas vivências e seus rituais.

As escolas de samba, neste sentido, ao tentarem se legitimar como protagonistas de um evento prioritariamente turístico numa cidade-empresa, precisaram se tornar minimamente compreensíveis para turistas (e aí se justificam coisas como colocar um show de acrobatas de Las Vegas numa comissão de frente, criar pirotecnias diversas, lançar um astronauta voando pelo sambódromo etc.).

Em virtude desta tendência de inserção na lógica da cidade como empreendimento turístico, os fundamentos que forjaram a aventura civilizatória das agremiações do samba perderam o protagonismo.

Outro dado relevante neste processo é a adequação dos desfiles à estrutura de um espetáculo televisivo. Para a televisão, interessa adequar as escolas de samba na linha de show de entretenimento, visando contemplar um público que, a rigor, não dá a menor pelota para os desfiles. O que atrai este público é a mistura entre espetáculo visual grandioso e a presença de celebridades midiáticas nas agremiações.

A chegada do bispo pentecostal Marcelo Crivella à prefeitura, para mandato exercido entre 2017 e 2020, adicionou dados novos neste panorama: o avanço evangélico entre as camadas populares da cidade, a cruzada moral no campo das subjetividades contra manifestações culturais afro-brasileiras, a crise generalizada no país (que na ocasião alimentou o discurso rasteiro de que não se justifica estimular o carnaval em tempos difíceis) e a sensação de esgotamento daquele modelo de cidade-empresa que vigorou nos imaginários nos últimos anos.

Neste imbróglio, o mais complicado e desafiador continua sendo manter os fundamentos básicos que fizeram das escolas de samba as protagonistas da construção de laços de sociabilidade em suas comunidades.

As escolas precisam, sem saudosismo, se voltar mais para aqueles que – alijados das quadras e do sambódromo pela lógica exorbitante dos preços e pelo conluio entre agências de turismo, ligas etc. – disputam sofregamente um espaço nas arquibancadas precariamente construídas na armação do canal do mangue. Como fazer isso e, ao mesmo tempo, atender as demandas da indústria do turismo é o x do problema.

A sobrevivência das escolas de samba depende da estruturação de um espetáculo que priorize quem ama as escolas de samba, como espectador e componente. Precisa, por exemplo, da abertura das quadras para eventos variados e cotidianos

– inclusive de samba – que permitam a formação de público e fortaleçam elos entre os frequentadores e as agremiações. Precisa do reconhecimento das quadras como equipamentos culturais de ponta na cidade.

Não sei se existe volta neste caminho. Na encruzilhada entre o esvaziamento pelo proselitismo religioso e a cobiça da indústria do entretenimento ligeiro, a terceira margem do rio, aquela ousada pelos voos da imaginação e da coragem, parece difícil de ser alcançada pelas agremiações. Só ela, todavia, me parece capaz de salvar as escolas de samba da morte anunciada entre uma margem do rio em que está um exorcista e a outra em que está um empresário de shows.

A terceira margem é o terreiro.

35. PELINTRAÇÃO

A ARTE e a manhã, artimanha, do malandro não é derrotar o oponente, tarefa de resto impossível, mas jogar com o adversário e assumir o protagonismo do jogo. O malandro batuqueiro lida serenamente com gramáticas intelectuais, corporais, espirituais, sensoriais e sonoras que o oponente é incapaz de dominar.

36. QUEM NÃO GOSTA DE SAMBA

EM 1939, o jornal *O Estado da Bahia* abriu espaço para um debate entre Pedro Calmon – diretor da Faculdade Nacional de Direito – e o escritor José Lins do Rego. Em artigo publicado no dia 15 de julho daquele ano, "O sr. José Lins é a favor do samba", Calmon desancava o gênero com sentenças como "o samba é o perfil sombrio da senzala"; "o samba não é nosso, ele veio da Costa do Marfim, da cubata de Luanda e da selva senegalesa"; "a expressão do povo é a Pátria, e não o morro do Salgueiro" e "não somos o Haiti ou a Libéria".

Para Calmon, o Brasil deveria se assumir como um país "formado por portugueses da casa-grande, angolas do eito e índios da selva, mas em que prevaleceu a cultura euro-americana".

A defesa de José Lins do Rego também não era destituída de preconceito. O autor da obra-prima *Fogo morto* achava que o samba era coisa nossa, ao contrário do que insistia Calmon, mas deveria ser "refinado e sofisticado" pela influência de intelectuais e artistas mais elaborados, como Villa-Lobos.

CRÔNICAS EXUSÍACAS E ESTILHAÇOS PELINTRAS

No mesmo ano em que o debate entre Calmon e Zé Lins ocorria, a música mais escutada nas rádios pelo povo brasileiro era "O que é que a baiana tem", interpretada pelo autor, Dorival Caymmi, e pela "pequena notável" Carmen Miranda.

37. BAILA!

HOUVE UM tempo em que caçávamos as informações. Hoje, são elas que nos caçam. Dito isso, há pouco me deparei com mais polêmicas envolvendo o jogador brasileiro Vinícius Júnior. No momento em que digito esse arrazoado, Vini, cria da cidade de São Gonçalo, joga no Real Madrid e é perseguido de diversas maneiras na Espanha. O mote mais comum, e emblemático do racismo europeu, é considerar que dançar na hora de comemorar um gol – e o brasileiro dança que é uma beleza – é falta de caráter e denota desrespeito aos adversários. A informação me entristece, mas não espanta.

Certa tradição da cultura ocidental vê o corpo como materialidade não vinculada à mente ou inferior a esta. Pensando a partir de outras tradições, não é pertinente conceber uma cisão entre o corpo e a mente; o que há é interdependência.

Exemplifico. Para os iorubás da Nigéria e do Benim, somos constituídos de dois tipos de poder: o *agbara* (poder do corpo) e o axé (poder espiritual). A capacidade de realização e a vivacidade são obtidas a partir da integração entre os dois.

Para os bacongos do norte de Angola, fortalecer o *moyoo* (capacidade de realização a partir da incorporação de forças vitais) é alimentar, de forma integrada, corpo e mente como unidades do ser.

Para encantarias das matas e águas brasileiras, o corpo nos coloca na condição disponível para que o ser se encante, transite, transe, naturalize músculos, cartilagens, artérias e, ao mesmo tempo, humanize folhas, raízes, águas, pedras, árvores.

O encantado não é cindido: ele é corpo, mente, dança, repouso, silêncio, gente e praia. A concepção de corporeidade encantada não se limita ao corpo pensado apenas como instrumento de motricidade: moram no corpo dimensões históricas, sociais, afetivas, espirituais.

Para os agentes do desencanto, corpos que se terreirizam, driblam, gingam, comemoram gols, dançam, transitam, amam, requebram, passeiam, festejam, arvoram-se, ameaçam, desconfortam devem ser eliminados pela domesticação castradora ou pela aniquilação física.

Não me admira o desconforto de certos europeus com as comemorações dos gols brasileiros com danças. Há séculos, a velha Europa forjada no racismo e no imperialismo busca aniquilar ou domesticar corpos dançantes e mentes pensantes que se aconchegam na unidade do ser.

Que se danem.
Baila!

38. O NASCIMENTO DOS TOQUES DE TAMBOR

UM DOS mitos mais famosos que envolvem as culturas de terreiro conta que um dia Oxalá deu uma grande festa em sua casa e convidou para o folguedo os orixás e vários bichos, que naquela época ainda falavam. Para comparecer, o convidado deveria apenas levar comida para um grande banquete.

O cágado queria ir, mas estava com preguiça de cozinhar, até que soube que o leopardo – incapaz até de fritar um acarajé – tinha inventado um instrumento musical para comparecer à festa e compensar a falta de dotes culinários: um tambor que rugia como os grandes felinos. O cágado entrou sorrateiro na casa do leopardo, roubou o tambor e foi para a casa de Oxalá.

O leopardo não teve o que levar e por isso passou a festa inteira do lado de fora, acompanhando tudo por uma brecha da janela.

Quando escutou o cágado bater o tambor, o leopardo, enfurecido, invadiu a festa. O cágado recolheu a cabeça, mas o leopardo cravou as garras no casco do ladrão e o arranhou.

Oxalá, irritado com a confusão, determinou que o cágado ficasse com o casco marcado para sempre. Ele ainda passaria a andar com a lentidão da própria preguiça que sentiu que teria uma vida muito longa, para refletir sobre o que ocorreu. O leopardo isolou-se na floresta, onde resolveu viver solitário, já que não conseguiu conter o seu gênio furioso.

No meio da confusão, o tambor ficou esquecido em um canto da casa de Oxalá, mas a festa não podia parar. Exu, um músico exímio e orixá do poder da comunicação e da alegria dos corpos, recolheu o instrumento e resolveu inventar ritmos que lembrassem as personalidades dos orixás presentes, para que todos pudessem dançar.

Para Xangô, orixá do fogo e das trovoadas, Exu tocou o alujá, um ritmo envolvente e forte como relâmpagos e labaredas. Para Oxum, tocou o ijexá, um ritmo sensual e amoroso como as águas do rio em que a deusa se banha. Para Iansã, a senhora das ventanias, tocou o ilu, que mais parece chamar os vendavais.

Não parou por aí. Para Ogum, seu irmão, Exu tocou o adarrum, um ritmo marcial que alegrou o orixá das guerras. Para Oxóssi, o senhor do arco e da flecha, tocou o aguerê, que conta a história de um caçador entrando na floresta atrás da presa. Para Oxumarê, orixá que rasteja como a cobra e voa como o arco-íris, tocou o bravum, que convida o corpo a dançar como a serpente que alcança o céu. Para Oxalá, tocou o igbin, lento como o passo do caramujo que ele representa.

O NASCIMENTO DOS TOQUES DE TAMBOR

Nenhum orixá deixou de ser saudado com um toque criado por Exu: Ossain, Ibeji, Omolu, Iemanjá, Obá, Euá, Nanã...

Desde esse dia, cada orixá tem um toque predileto, que respeita as características de cada um, sem que qualquer toque busque abafar o outro. Quando o som de qualquer um deles ressoa pelas florestas e terreiros, os orixás saem do Orum — espaço invisível onde moram — e vêm para o Ayê — o nosso mundo — dançar entre as crianças, mulheres e homens. Nessa hora, o cágado recolhe a cabeça e o leopardo corre feliz e solitário pelas florestas rugindo bem alto, respondendo ao rugido do tambor e dançando também.

Com este mito, os orixás ensinam que as relações humanas devem se estabelecer cotidianamente a partir do respeito e do reconhecimento das diferenças, como ensinam os toques diversos do tambor. É assim, afinal, que se fazem as grandes festas da beleza dos mundos.

39. EMBALA EU

DAS ATRIBUIÇÕES que o cotidiano me impõe, uma das mais fiéis é passear com o cachorro da família na praça perto de casa. Gosto de fazer isso bem cedo. Há pouco estava lá, e, enquanto o cão parecia meditar sobre o melhor local para fazer as necessidades matinais, observei uma mulher jovem embalando uma criança de colo.

Duas coisas, aparentemente distintas, me vieram à cabeça. A cena me lembrou uma pintura de Picasso de que gosto bastante, *Mãe com crianças e laranjas*. Enquanto Max, o cachorro, permanecia indeciso, eu pensava no quadro do espanhol e imaginava o que a moça estaria cantando para o bebê. Fantasiei algo como "Embala eu, embala eu/ Menininha do Gantois", a música cantada por Clementina de Jesus e Clara Nunes como pedido de aconchego, proteção e bênção.

Gosto de me aventurar pelas superfícies das línguas dos bantos centro-africanos. É uma maneira de entender melhor os nossos modos brasileiros de brincar e rezar. Nessa onda, o "embala eu" parece vir mesmo de *imbala* (adormecer, em quimbundo) e *mbambala-mbambala* (calmamente, docemente, suavemente, em quicongo). É daí que provavelmente vem o nosso "embalar o neném", e não do *emballer* francês (empacotar).

Lélia Gonzalez gostava de dizer que falamos o pretuguês: o quimbundo, o quicongo e o umbundo chamaram o português para a gira, botaram pimenta nos lusíadas, foram marejados por ele, e nossa língua encruzilhada é só encanto.

À guisa de conclusão: sabem como se denomina uma criança recém-nascida em umbundo? *Kanene*, palavra que vem, provavelmente, de *nene*: pedacinho, cisco. Para chegar ao nosso neném, como aquele que a moça embalava na praça, é um pulo.

40. PERO VAZ DE LALÁ

*(Para ler escutando "História do Brasil",
marchinha de Lamartine Babo)*

EXISTIA, NA década de 1980, um sobrado de três andares na rua do Catete onde funcionavam um hospital de bonecas, uma sinuca que pertencia ao laranja de um homem de ouro da Polícia Civil (e era ponto de encontro do pessoal da Scuderie Detetive Le Cocq) e um centro espírita de mesa. No térreo ficava o hospital; no segundo andar, a sinuca discretíssima do pessoal do esquadrão da morte; no terceiro, o centro.

Foi nesse centro que, em certa ocasião, revelou-se que Pero Vaz de Caminha, o autor da carta do descobrimento, reencarnou como uma cigana apunhalada por ciúmes em uma taberna de Sevilha; como um dono de puteiro frequentado por bandoleiros da fronteira em Colônia do Sacramento; como uma soprano de terceira categoria de um teatro de Cartagena das Índias; e como o grande Lamartine Babo, sua última encarnação, em 1904.

Sim, Lalá e Pero Vaz de Caminha eram o mesmo espírito, aperfeiçoado por séculos de avacalhação e picardia. Concluo, por isso, que a História do Brasil, imortal composição de Lamartine gravada por Almirante para o carnaval de 1934, é a carta de Caminha em versão aperfeiçoada. E o arranjo é de Pixinguinha; santo de andor, orixá e catiço de rua das nossas gentes. Para tirar onda, Lamartine – antropofágico, surrealista, canibal – ainda manda para a cucuia a equivocada expressão "descobrimento" e atira na mosca: descoberto é uma ova. O Brasil foi inventado dois meses depois do carnaval.

41. O DISFARCE DO CASTOR

FAÇAM UM exercício de imaginação e tentem visualizar o seguinte: Castor de Andrade, notório banqueiro do jogo do bicho, patrono da Mocidade Independente de Padre Miguel e do Bangu, envolvido em uma quantidade de crimes capaz de cobrir todo o código criminal brasileiro, preso, escoltado por dois policiais federais e disfarçado de si mesmo.

Foi exatamente isso que aconteceu em 1994. Foragido depois de ter a prisão decretada por uma série variada de crimes pesados, Castor resolveu comparecer ao Salão do Automóvel de São Paulo disfarçado com bigode postiço e cabeleira à Iracema, mais negra que as asas da graúna. Reconhecido por um frequentador do evento que chamou a polícia, o bicheiro foi em cana e gerou uma tirada sensacional de um jornal popular: Castor de Andrade é preso disfarçado de Castor de Andrade.

Encarcerado na Polinter, Castor pintou o sete. Transformou as celas em suítes de luxo personalizadas, com frigobar, televisão e sessões de cinema. Deu festas na cadeia com champanhe, caviar, vinhos portugueses dos tempos do marquês de Pombal, uísques e outros biricoticos.

Insatisfeito com as instalações carcerárias, o capo ainda resolveu reformar a unidade prisional e bancar novos carros para a polícia, diante de automóveis que adjetivou como vergonhosos para a segurança pública.

42. AO REI DO BACALHAU E UMA DICA DA ARACA

A HISTÓRIA do subúrbio carioca não pode ser contada sem o trem. Neste sentido, vale lembrar que a estação do Encantado – entre as estações do Engenho de Dentro e da Piedade – foi inaugurada em 1888. A região entre o Encantado e Piedade, aliás, foi a primeira a receber a rede pública de eletricidade na história suburbana, em 1905.

Um dos grandes benfeitores daquela área foi Amaro Cavalcanti, o prefeito gente fina que, em 1917, ligou o Encantado ao Méier pela avenida paralela aos trilhos do trem (que hoje leva seu nome). Os membros de uma família de posses que moravam do lado norte dos trilhos, os Reis, abriram as ruas da região próximas à rua Goiás, aquelas que levam nomes de mulheres (ruas Guilhermina, Angelina, Silvana e Leopoldina), e a configuração do bairro se estabeleceu. Mas o que eu mais gosto no Encantado é de outra coisa.

Em 1965, foi fundado no bairro suburbano o restaurante Rei do Bacalhau, na rua Guilhermina, que logo se transformou em uma espécie de Meca dos fiéis do pescado. É difícil imaginar um petisco mais identificado com a cidade do Rio de Janeiro que o bolinho de bacalhau. É difícil, não. Retiro o que disse. O petisco por excelência dos botequins cariocas é o bolinho de bacalhau e estamos conversados.

É curioso notar que o acepipe, no centro e no sul de Portugal, costuma ser chamado de pastel de bacalhau. Ao Norte, é bolinho mesmo. É favor não confundi-lo com as pataniscas — pedaços de bacalhau desfiado fritos na farinha de trigo e que possuem uma forma bastante irregular achatada ou esférica. O bom bolinho – o clássico, digamos assim – é aquele redondinho, com o tamanho entre uma bola de pingue-pongue e uma bola de sinuca.

A grande Aracy de Almeida, maior intérprete de Noel Rosa e moradora do Encantado, era uma que não perdia a oportunidade de encarar os bolinhos na casa portuguesa e suburbana, acompanhados por umas cervejas trincadas. A Araca, apelido da grande Aracy, sabia das coisas e ainda usava uma estratégia que Antonio Carlos Jobim, inspirado nela, adotou: usar sempre, em público, imensos óculos escuros para fingir não ter visto os chatos de plantão e assim não cometer qualquer deselegância.

43. PELINTRAÇÃO

EXISTE A vida e a não vida. O encanto e o desencanto. A ontologia do macumbeiro é a da transgressão. Foi isso que percebeu o sujeito que, ao dizer a seu Zé Pelintra que para morrer basta estar vivo, recebeu como resposta que, para viver, basta estar morto.

44. UM MÉDIUM NO CARNAVAL

EM NOVA Iguaçu, no Lins de Vasconcelos e em Laranjeiras todo mundo sabia que Manoelzinho Motta era dotado de impressionante mediunidade. A fama cresceu na ocasião em que o sujeito recebeu o espírito de um profeta de pedra-sabão do Aleijadinho – Jeremias – ao ser flagrado pela esposa, dona Alcione, em trajes sumários, no lupanar de Consuelo "La India" Paraguaia, a famosa Casa dos Amores Urgentes, na rua das Marrecas, no centro do Rio.

Acontece que a mediunidade do cabra, depois da primeira manifestação, não parou mais. Manoelzinho virou cavalo de mais de cinquenta entidades, de todos os tipos e linhas. O que mais impressiona, do ponto de vista estritamente espiritual, é entender como as entidades chegavam no Motta em momentos decisivos.

Houve, por exemplo, uma ocasião em que dona Alcione convenceu Manoelzinho a passar o carnaval fora do Rio de Janeiro. O destino traçado era Araruama, na casa de praia de dona Saquarema Marta, que gentilmente convidou as amigas do Lins de Vasconcelos e adjacências para curtir um solzinho e fazer torneios de buraco, com comes e bebes, durante o tríduo momesco.

Há que se ressaltar, em nome da veracidade do relato, que a casa de praia de dona Saquarema não era exatamente próxima à orla de Araruama. Ficava num loteamento um pouco distante – coisa de uns quarenta minutos, caminhando sem pressa. Manoelzinho, que nunca discordava de dona Alcione, aceitou o convite e mostrou entusiasmo com a programação.

Meu avô Luiz, amigo do sujeito, não entendeu nada. Manoelzinho era um folião lendário, sócio remido do Bola Preta, compadre do Tião Maria Carpinteiro – fundador do Bafo da Onça –, ativo participante do Berro da Paulistinha, e organizador, ao lado do zagueiro Moisés Xerife, do bloco das piranhas de Madureira. Como se não bastasse, fechava a Quarta-feira de Cinzas brigando com a polícia durante o desfile do Chave de Ouro.

Uma emocionada dona Alcione ouviu o marido argumentar a favor da ideia de que, numa relação de companheirismo, era necessário renunciar a algumas coisas em nome de outras mais importantes. Em tom de discurso, Manoelzinho encerrou o assunto em grande estilo e levou a mulher às lagrimas:

– Alcione significa mais para mim do que qualquer carnaval. Parto feliz para o melhor carnaval da minha vida!

Acontece que é difícil controlar algumas espiritualidades mais fortes. Na hora da partida, com as malas devidamente preparadas – a Caladryl, o Vick Vaporub, a Minancora, o sal de fruta, o Rinosoro, o Merthiolate e o Colubiazol formavam a linha de frente da sacolinha de remédios –, Manoelzinho deu três murros fortes no peito, um brado de levantar defunto e caiu de joelhos na clássica posição de um caboclo preparado para flechar alguém.

O Nilton, que era uma espécie de cambono para toda obra do Manoelzinho e estava na trupe da folia em Araruama, imediatamente gritou ao ver a cena:

– Okê, caboclo!

Assim que o caboclo do Manoelzinho chegou, com urros impactantes de bugre, todos estenderam as mãos espalmadas à frente e abaixaram levemente a cabeça em forma de reverência, conforme recomenda a etiqueta dos melhores terreiros.

A entidade continuou gritando por uns cinco minutos. Nesse espaço de tempo a fila de gente para tomar passes se formou, e os palpites sobre que caboclo era aquele começaram. A lista de possibilidades era enorme: seu Tupiara, seu Tupaíba, seu Aimoré, Caboclo Roxo, seu Sete Flechas, seu Cachoeirinha, seu Tupinambá, Caboclo Lírio, seu Junco Verde, seu Rompe Mato, seu Peri, Caboclo Sultão das Matas, seu Mata Virgem, seu Sete Pedreiras. Houve até quem apostasse num boiadeiro, apesar da pinta de bugre com que a entidade se apresentou.

O Nilton, cumprindo com a maior seriedade as funções de cambono, aproximou-se da entidade e fez a clássica pergunta:

— Qual é a sua graça, meu pai? O senhor quer dizer seu nome aos filhos de Zâmbi? Quer riscar seu ponto com a pemba de fé?

O caboclo murmurou alguma coisa incompreensível. Nilton se aproximou mais, escutou o que o caboclo cochichava e anunciou ao povo:

— Ele disse que se chama seu Cacique de Ramos.

Meu avô retrucou na lata, com a habitual elegância à cangaço:

— Seu Cacique de Ramos? Isso nunca foi caboclo, nem aqui nem na China.

Na mesma hora a entidade se ofendeu, deu um berro enfurecido, começou a rodopiar feito doido e deu flechadas imaginárias em todo mundo. Alguém sugeriu cantar um ponto para acalmar a entidade. Mas qual? Uma voz desconhecida mandou de prima, e o coro acompanhou nos conformes:

— Eu conheço um ponto: "sim, é o seu Cacique de Ramos/ planta onde em todos os ramos/ cantam passarinhos nas manhãs/ lá, o samba é alta bandeira/ e até as tamarineiras/ são da poesia guardiãs".

O caboclo gostou e ficou mansinho.

Dona Alcione, a essa altura do campeonato, só queria que a entidade fosse oló para retomar os planos do carnaval em Araruama. O caboclo, então, pediu silêncio e anunciou:

— Caboclo só vai deixar cavalo na quarta-feira. Num sobe antes, que caboclo vai salvar seus filhos de Aruanda na fé de Zâmbi. Caboclo veio trazer axé de pemba no carnaval.

— Não faz isso, meu pai. Seu cavalo tem que viajar — retrucou o cambono.

Seu Cacique de Ramos não quis conversa. Armou uma beiçola enfurecida, enrugou a testa, cruzou os braços e balançou a cabeça em forma de negação. E arrematou:

— Mulé de cavalo vai, que caboclo não quer ver mulé triste. Caboclo fica com cambono nas encruzas. Caboclo vai fazê trabalho forte, vai riscá ponto em mil e duzentas esquinas e depois vai embora. Ordem de Zâmbi.

Dona Alcione fez de tudo para demover a entidade. Chorou, ameaçou se separar do cavalo, duvidou da mediunidade do marido, se arrependeu da dúvida, pediu desculpas ao seu Cacique, acabou tomando passe e o escambau. Ficou até comovida quando a entidade disse algo como meu cavalo ama muito mizifia. Respeitando a missão da entidade, ela acabou partindo para Araruama com a trupe.

Do jeito que seu Cacique veio, ficou. Ficou e cumpriu a promessa: durante os dias de carnaval trabalhou duro, percorreu mil e duzentas esquinas com a pemba de fé — de cocar e tanga em vermelho, preto e branco —, bebeu marafo e cerveja na cuia da jurema, comeu feijoada para louvar seu Ogum Beira-Mar, fumou charuto e bateu o recorde de passes nos filhos e filhas de pemba em toda a história da Aruanda. Foi oló na Quarta-Feira de Cinzas, depois de cumprir com êxito sua missão de paz na Terra.

45. O SACRIFÍCIO DE MACAÉ

ACREDITO FIELMENTE em desígnios misteriosos e insondáveis. Creio em tudo. Feito o rápido introito, vamos ao tema deste arrazoado: os poderes sobrenaturais de Biriba, o mascote vira-latas que honrou o Botafogo nas décadas de 1940 e 1950. Como costuma acontecer aos grandes personagens de epopeias, o mito e a história se confundem quando falamos do animal.

A chegada de Biriba ao Glorioso é digna dos maiores romances. Corria o ano de 1948. Penando em um deserto sem conquistas, o Botafogo não sabia o que era um título estadual desde 1935. Biriba morava perto de uma pensão em Copacabana, onde também vivia o zagueiro alvinegro Macaé. O defensor, aliás, era famoso por ter trocado o Botafogo pelo Bahia e ter feito três gols contra em seu primeiro prélio com a camisa do tricolor da boa terra. Execrado pelos baianos, Macaé voltou ao Rio.

Um dia, um daqueles dias que marcarão para sempre a história, Macaé resolveu passear em General Severiano com

Biriba, durante um jogo entre Botafogo e Bonsucesso. Subitamente, no meio de um ataque alvinegro, Biriba livrou-se de Macaé, invadiu o campo e mijou sem cerimônia em uma das traves do Bonsucesso.

Enquanto o vira-latas tirava a água da patinha, saiu o gol do Botafogo. Foi o suficiente para que Carlito Rocha, o supersticioso presidente botafoguense, descobrisse poderes místicos em Biriba e adotasse o cão como talismá do time. O Botafogo não perdeu mais, chegando mesmo a virar um jogo contra o Olaria depois que Carlito Rocha mandou Macaé soltar Biriba em campo.

Na semana da final do Carioca de 1948, disputada contra o Vasco, Biriba sofreu um atentado. Algum vascaíno apavorado tentou matar o talismá alvinegro com tiros de espingarda em plena sede de General Severiano. Apesar de Biriba não ter se ferido, o pânico tomou conta de Carlito Rocha e da torcida botafoguense. Boatos davam conta de que padeiros vascaínos pagariam uma fortuna para quem liquidasse Biriba antes do clássico. Os corações botafoguenses latiam.

A decisão de Carlito Rocha foi digna de grandes estadistas. Até a realização da partida, Macaé iria provar toda água e comida oferecidas ao cão. Se Macaé não caísse fulminado, vítima de veneno mortal, Biriba poderia beber e se alimentar com tranquilidade. Macaé cumpriu seu papel, Biriba entrou em campo com o time e o Botafogo derrotou o Vasco por 3 × 1.

A performance de Biriba foi tão impressionante que levou, pouco depois da decisão de 1948, um delegado paulista a prender o cão, para evitar que o pé de coelho comparecesse a um Botafogo e Corinthians na terra do Borba Gato. Sem Biriba, o time sucumbiu por 2 × 1.

A trajetória do herói de quatro patas o transformou num dos animais mais significativos da história universal. Biriba pertence ao seleto grupo em que estão o jumento que levou Jesus, Maria e José ao Egito, o golfinho Flipper, o cavalo branco de Napoleão, o boi santo do padre Cícero e a cadelinha Laika, o primeiro ser vivo a ir ao espaço sideral.

Biriba tinha poderes sobrenaturais. A ele todas as glórias são dispensadas. Assim sendo, ouso encerrar este texto com minha gratidão devota ao Macaé, zagueirão ruim de bola que, entretanto, está na galeria dos heróis botafoguenses.

Acendo minha vela no altar da pátria ao homem que teve o desprendimento de colocar a vida em risco para defender a integridade física de Biriba. Ao experimentar a comida e a água servidas ao imortal vira-latas, Macaé entrou para o time dos raros homens que sabem que de nada vale a existência do indivíduo diante da magnitude maior de uma causa coletiva.

46. ELEGIA DA VAGABUNDAGEM

HÁ UM conhecido ponto de pombagira, daqueles que atiçam o terreiro e saem derrubando a assistência, que lança a amarração na virada do toque do congo:

"Pombagira é mulher/ De domingo até segunda/ Na boca de quem não presta/ pombagira é vagabunda."

A mensagem passada traz a ambiguidade e lança o enigma: de quem é a boca que não presta? Pombagira é vagabunda? Nas entrelinhas que bordam os não ditos (que falam tudo) das macumbas, a boca de quem não presta, na perspectiva do povo de rua, é exatamente aquela que presta. Ou será que não presta mesmo? E pombagira é vagabunda. Ou será que não é?

A etimologia de "vagabundo" traz o antepositivo latino *vag-*, que vem do latim *vagare*, "que se move de um lugar a outro", "movimento incerto". Já o sufixo latino *-bundus* traz o sentido de "propenso a, cheio, repleto de alguma coisa".

O "vagabundo" é o propenso a andar sem rumo definido, em constante deslocamento, capaz de movimentos incertos, surpreendentes (desde o vagar errante pelas ruas até um drible inesperado no jogo, um passo inusitado da passista, o gargalhar de Maria Mulambo etc.).

Vagabundos e vagabundas são seres em disponibilidade, vagando nos paradoxos da adequação transgressora e do equilíbrio gingado; modos táticos de praticar sabiamente a vida como drible: a criação no espaço vazio.

Os pontos do povo de rua são elegias aos corpos disponíveis para a sanidade do ser que pratica, onde só se conceberia a morte, a arte da pombagiração do mundo.

E pombagira, é vagabunda?

Não sei. Pergunte a ela na próxima macumba.

47. BREVE REGISTRO

NOS IDOS de 1983, uma folha espírita carioca registrou a descida de Nelson Rodrigues em um centro na Penha Circular que fazia sessões de mesa cruzadas com giras de umbanda. No mesmo lugar baixavam Maria Quitéria, Odetinha – a menina santa –, o papa Paulo VI e o caboclo Urubatão da Guia. A notícia não diz se Nelson baixou na mesa espírita ou numa gira de caboclo. Eu aposto na sessão de mesa. Das entidades que trabalhavam na casa, admito minha surpresa com a descida de Sua Santidade, o papa Paulo VI.

48. AUTORIDADE

CONFESSO QUE já vi coisas no Brasil da rebimboca da parafuseta. O fato de ter nascido e crescido num terreiro me fez, desde pequeno, achar que as coisas mais extraordinárias são perfeitamente normais por nossas bandas. Cresci na encruzilhada das maravilhas. Vi um curupira incorporado; vi turista japonês virado no seu Sete Cachoeiras; tive uma tia-avó carola (única católica praticante da família) que deixou expresso em um bilhete o desejo de ser enterrada com um bonequinho de seu Tranca Rua.

Já vacinado para esses fenômenos, recebi de fonte segura a informação de que, num culto da Renascer em Cristo, o missionário falhou ao tentar exorcizar uma dona Maria Mulambo. A moça desceu quando o homem alertava contra os perigos do álcool durante a Copa do Mundo de 2022. Desafiando o pastor, dona Maria liberou os fiéis para tomar umas geladas durante o mundial, queimando uma carne com os amigos. Dado o recado, saiu pela porta da frente do templo com as mãos na cintura, gargalhando e esbanjando autoridade.

49. PELINTRAÇÃO

DIZEM OS melhores dicionários que gingar é balançar o corpo gerando uma sensação de aparente desequilíbrio. Na capoeira e no futebol, gingar é tentar iludir o adversário para desfechar o golpe ou o drible. A origem do termo é incerta. No quimbundo, *jinga* é remexer, girar. No umbundo, *yenga* é oscilar, se desequilibrar. Quem sabe?

De toda forma, consta das regras da rua que o malandro ginga exatamente para se equilibrar.

50. SILAS, O CRIADOR

EM CERTA ocasião tive um sonho que, de certa maneira, explica minha relação com o Império Serrano. O negócio foi o seguinte: sonhei que eu era padrinho de um batizado na Igreja de São Jorge, no coração do bairro de Quintino. Registro, a bem da verdade, que não faço a mais vaga ideia sobre quem era a criança que estava sendo batizada. Lembro-me apenas de que no final da cerimônia, quando o sacerdote iniciava a reza do pai-nosso, os fiéis trocavam o nome do Altíssimo pelo de Silas de Oliveira e desandavam a orar: Silas de Oliveira que estás no céu, santificado seja o vosso nome. No final do furdunço, coroando a celebração, o coro entoava "Os cinco bailes da história do Rio", o próprio são Jorge ganhava vida, assumia o comando das hostes imperiais, e a igreja de Quintino virava a quadra da Edgard Romero.

Acho que essa aproximação onírica entre Silas e o Criador tem lá uma razão de ser. A tradição judaico-cristã diz que Deus criou o mundo em seis dias. Silas, de certa forma, refez a criação em seis anos. Só isso, o sopro da divindade manifestado no Espírito do Homem, é capaz de explicar os golaços que o Viga Mestre, Pelé dos sambas-enredo, marcou entre 1964 e 1969. Recordemos: "Aquarela brasileira" (1964), "Os cinco bailes da história do Rio" (1965, com Bacalhau e a pioneira dona Ivone Lara), "Glória e graças da Bahia" (1966), "São Paulo, chapadão de glórias" (1967, com Joacir Santana), "Pernambuco, Leão do Norte" (1968), e o seminal "Heróis da liberdade" (1969, com Mano Décio e Manoel Ferreira).

Só essa série de sambas já seria suficiente para consolidar Silas como gênio criador e colocar o Império Serrano como patrimônio cultural da humanidade, um terreiro que proporcionou o surgimento de obras que vencem as limitações do tempo e se perpetuam para todo o sempre, feito a "Nona sinfonia" de Beethoven, a *Mona Lisa*, as máscaras de bronze de Ilê Ifé, a cerâmica marajoara, o teatro grego e coisas do gênero.

51. MILAGREIRO

SAINDO DA estação do metrô da Uruguaiana, no centro da cidade, recebi da moça um folheto sobre certo missionário Ronildo, com o seguinte e quilométrico título: *O homem dos mistérios de Deus e o mistério da carruagem de fogo – traga os enfermos, oprimidos, desenganados, desempregados, paralíticos, cegos, surdos, mudos, problemas insolúveis.*
Abaixo do título, o currículo do missionário:

- onze mortos ressuscitados;
- quase oitocentos paralíticos curados;
- emagrecimento instantâneo;
- calvície restaurada;
- já esteve em mais de duzentos países.

Em resumo, o missionário ressuscitou um time de futebol inteiro – Cristo se limitou a ressuscitar Lázaro – e visitou mais países do que o número de nações soberanas que a Organização das Nações Unidas reconhece.

CRÔNICAS EXUSÍACAS E ESTILHAÇOS PELINTRAS

Parei para escutar as conversas sobre o missionário no bafafá do camelódromo e destaco a pertinente observação que um sujeito, com pronunciadas entradas adornando a cabeça, fez:
– Eu acredito na maioria das coisas, mas duvido que o missionário possa fazer nascer cabelo em careca.

52. A CASA DA TIA CIATA

AS INFORMAÇÕES mais precisas que temos indicam que Hilária Batista de Almeida, a Tia Ciata, nasceu em 1854, no recôncavo baiano, transferindo-se para o Rio de Janeiro pouco depois de completar vinte anos. O que se conta sobre Ciata no mundo do candomblé é que ela teria sido iniciada, ainda na Bahia, pelas mãos do lendário sacerdote Bangboshê Obitikô. Radicada no Rio de Janeiro, ocupou a função de Iyakekerê (mãe-pequena) na casa de João Alabá, babalorixá com casa aberta na rua Barão de São Félix, na zona portuária, e figura fundamental na construção de laços associativos entre a comunidade negra da cidade.

A distinção entre o sagrado e o profano não é algo que diga respeito às culturas oriundas das Áfricas. O que ocorre o tempo inteiro é a interação entre essas duas dimensões. A Tia Ciata sacerdotisa do candomblé é, ao mesmo tempo, a festeira que transformou sua casa em um ponto de encontro para que, em torno de quitutes variados, músicos (profissionais e amadores) e compositores anônimos se reunissem para trocar informações e configurar, a partir dessas trocas, a gênese do que seria a base do modo carioca de se fazer o samba. João da Baiana, Pixinguinha, Sinhô, Donga, Heitor dos Prazeres e tantos outros conviveram intensamente no endereço mais famoso da história da música do Rio de Janeiro.

Falar da Tia Ciata é, sobretudo, destacar também a importância das tias baianas na cidade. As tias eram, de modo geral, senhoras baianas que vieram para o Rio de Janeiro, exerceram liderança comunitária – ancorada muitas vezes no exercício do sacerdócio religioso – e criaram redes de proteção social fundamentais para a comunidade negra. Além de Ciata, podemos lembrar de Tia Prisciliana (mãe de João da Baiana), Tia Amélia (mãe de Donga), Tia Veridiana e Tia Mônica (mãe de Carmem do Xibuca e de Pendengo) e tantas outras.

A experiência da casa da Tia Ciata mostra também que a história do samba é muito mais que a trajetória de um ritmo, de uma coreografia, ou de sua incorporação ao panorama mais amplo da música brasileira.

O samba é muito mais do que isso. Em torno dele circulam saberes, formas de apropriação do mundo, construção de identidades comunitárias, hábitos cotidianos, jeitos de comer, beber, vestir, enterrar os mortos, celebrar os deuses e louvar os ancestrais. Tudo isso que se aprendia e se ensinava na casa de Ciata de Oxum, na rua Visconde de Itaúna, 117.

53. A CASA DA MÃE JOANA

TEMOS O péssimo hábito de usar a expressão "está parecendo a casa da mãe joana" para falar de algo esculhambado, suspeito, desorganizado, ou coisa que o valha. Nada mais equivocado.

Joana I, rainha de Nápoles, foi a mulher que organizou, no século XIV, os bordéis de Avignon, na França, que anteriormente eram uma bagunça. A área do randevu ficou conhecida em Portugal como Paço da Mãe Joana. No Brasil, o paço virou casa. A coisa era boa, com sarau de poesia, música de câmara e comes e bebes.

A Mãe Joana não era mole. Teve uma vida que daria enredo de escola de samba. Rosa Magalhães iria pintar e bordar como carnavalesca. A Mãe Joana fugiu de Nápoles acusada de conspiração no assassinato do marido, virou dona de puteiro na França e acabou assassinada por um sobrinho. Mas o paço com os lupanares que ela criou era organizadíssimo. Reza a tradição que Joana cuidava de suas funcionárias com carinho maternal.

Dando um salto no tempo, no início da década de 1990, um sobrado de São Cristóvão, na zona norte carioca, balançou a roseira do samba da cidade. Nome do lugar: Casa da Mãe Joana. O sobrado só recebia a fina flor do samba da cidade. Monarco, Zé Keti, dona Ivone Lara, Nelson Sargento, Zé Luís do Império, Wilson Moreira, Jovelina e mais um punhado de bambas batiam ponto na casa, riscavam o chão e faziam o couro comer.

Não sei se a Mãe Joana original, a de Nápoles e dos bordéis franceses, apreciaria. Asseguro, porém, que a casa de São Cristóvão era, como os lupanares de Avignon, organizadíssima.

54. PELINTRAÇÕES

TUDO QUE está vivo, mesmo que tenha morrido, te interessa.
Tudo que já morreu, mesmo que esteja vivo, não te interessa.
Assim me falou o malandro encantado.

55. PAIZINHO QUINCAS E TIA MARIA

EM INHOAÍBA, na zona oeste carioca, existe uma praça com um monumento ao Paizinho Quincas – Joaquim Manuel da Silva, ex-escravizado de grande popularidade na região – construído em 1958. Perto dele, em 1969, foi inaugurada a estátua da Tia Maria, representando o culto aos pretos-velhos, antepassados e ancestrais de Aruanda.

Até hoje, umbandistas realizam festas para os pretos--velhos na praça de Inhoaíba. Em virtude disso, as estátuas do Paizinho Quincas e da Tia Maria já foram depredadas, incendiadas, pichadas, tiveram roupas roubadas e precisaram ser cercadas para conter os ataques dos fanáticos que enxergam a homenagem aos pretos-velhos como exaltações ao diabo.

Os ataques criminosos, que continuam ocorrendo, não geraram maiores repercussões nas mídias. Por que será?

56. LEVEM AS CRIANÇAS

CONFESSO QUE me causa certa desconfiança a onda de dar doces de Cosme e Damião apenas com a justificativa da tradição e do hábito solidário. É bacana, ritos são necessários para organizar nosso mundo, mas soa quase pitoresco.

Dia de Cosme e Damião para mim é macumba. Fé encarnada. No terreiro da família, minha avó recebia a Catita e minha mãe trabalhava com o Bejinho. Minhas tias eram cavalos do Joãozinho e do Martinho. Cresci brincando com a turma de Ibeji, me entupindo de suspiro, guaraná, cocô de rato e cocada com os egunzinhos das crianças.

Sou um ateu inviável. A fé na descrença (o ateu geralmente tem mais crença na descrença do que eu tenho nos meus santinhos) me deixa nas desconfianças. A condescendência com os ritos justificada pela aproximação descolada, cheia das melhores intenções com os fazeres do povo, me deixa mais encafifado ainda.

Dois-Dois é festa de santo, canjira dos meninos, dia de missa e tambor. Por isso mesmo, fica a dica: quer conhecer a força da meninada? Dá o doce, bate cabeça no gongá, toma teu passe, raspa o fundo do tacho, deixa o corpo brincar na batida do congo de ouro, abraça o povo da gira, bota teu branquinho, se lambuza de caruru, come com a mão mesmo. E vai para a igreja de Cosme e Damião também, que a farra ali é bonita e a criançada fica na espreita para pegar doces o dia todo.

Juro que não há festa de Cosme e Damião que se compare àquela do mais modesto terreiro da cidade; nos cafundós, no meio do mato ou na salinha miúda. Leva a tua filha, filho, sobrinho, afilhada, irmãozinho, vizinho miúdo, para brincar com erê. Leva na canjira mesmo, a mais cruzada, cheia de emanação de orixá preto, de boiadeiro laçador de vento, da linha de marujo e de caboclo da Virgem Maria. Terreiro é casa aberta e nos quatro cantos tem morador. Criança na guma apazigua as agonias da vida e amacia a dureza da pedra.

Antes que acabem com a gira e a gente no desencanto do mundo.

57. IRMÃO DA MALANDRAGEM

EM 1940, o crítico literário Berilo Neves resolveu empunhar a caneta como uma espada afiada e analisar o que era o samba na *Revista da Semana*, publicada no Rio de Janeiro. Afirmando que tinha, inclusive, se disposto ao sacrifício de escutar os batuques, o crítico concluía:

"O samba é uma reminiscência afro-melódica dos tempos coloniais. Não é a expressão musical de um povo: é o prurido eczematoso do morro. É o irmão gêmeo destas entidades abstrusas que se chamam Suor, Jogo do Bicho e Malandragem."

No mesmo ano, Cyro Monteiro gravava "Oh! Seu Oscar", composição dos pretos Wilson Batista e Ataulfo Alves. O samba fez um sucesso danado.

Em 1942, o jornalista Sylvio Moreaux mostrou-se, em artigo no *Jornal do Brasil*, favorável ao carnaval e ao samba, contanto que fossem censurados "assuntos apologistas de baixezas, como as macumbas e as malandragens". O samba poderia "livrar o nosso povo das ideias africanistas que lhe são impingidas pelos maestrecos e poetaços do chamado morro". O samba, com indiscutível origem rítmica africana, deveria, segundo Moreaux, simplesmente nos livrar das ideias africanistas.

No mesmo ano, nascia em Paraopeba, Minas Gerais, Clara Nunes, que se consagraria como uma das maiores cantoras do Brasil com um repertório centrado nos africanismos do samba e da macumba.

58. O PRIMEIRO TERREIRO

NO BRASIL colonial e imperial, as várias danças de origem africana, nas quais a umbigada era a principal característica, foram referidas como batuque ou samba, vocábulo de origem certamente banto-africana. O léxico da língua do povo quioco, de Angola, registra um verbo *samba*, com o sentido de cabriolar, brincar, divertir-se como um cabrito. No idioma quicongo, palavra de igual grafia, *samba*, designa uma espécie de dança em que um dançarino bate contra o peito de outro. Outra hipótese sugere que o étimo do termo samba seria o verbo quimbundo *semba*, em referência ao movimento físico produzido na umbigada, característica principal das danças dos povos bantos na África e nas Américas.

Mas a coisa não é tão simples. O termo também é conhecido na região do rio da Prata. Nas margens do rio Uruguai, aparece nas formas *samba* e *semba* para designar o candombe, uma dança popular local cujo nome tem a mesma origem etimológica do brasileiro candomblé. Na Bolívia, encontramos o termo *zamba* para designar a antiga dança das festas de coroação dos reis negros. Alguns povos do norte da África falam de *zamba* no sentido de festa.

Para apimentar: em alguns cultos bantos, Samba é um dos nomes do inquice – divindade – Kisimbi, Kisambô. Dona Edith Apolinária de Santana, famosa sacerdotisa feita por Tata Ampumandezu, fundador do terreiro do Bate Folha, tinha como dijina, o nome que a divindade concede à iniciada, Samba Diamongo. Samba é inquice? Filha de santo é filha de Samba?

Ainda que seja impossível cravar uma etimologia precisa para a palavra samba, percebemos que todas as hipóteses aventadas dialogam com a ideia de que o samba é ligado à corporeidade. Samba fala de ritmo, coreografia, umbigada, protagonismo do corpo que transita da condição subalterna para a condição soberana. No samba mora a aventura do corpo cativo, desencantado e moldado para o trabalho que, ao toque do tambor, transita para a condição de um corpo que se percebe, encruzilhado por espiritualidades, afetos e festas, como o primeiro terreiro do mundo.

59. NOMES

DOIS PINGUÇOS jogam conversa fora no balcão e debatem calorosa questão: nas culturas das ruas brasileiras, quem tem mais nomes: a cachaça ou o diabo?

A cachaça tem denominações inusitadas: quebra-goela, mandureba, tiúba, uca, suor de alambique, iaiá-me-sacode, gramática, venenosa, suor de cana torta, cobertor de pobre, amansa-corno, azulina, marafo, meu consolo, imaculada, homeopatia, parati, jurupinga, democrática, tira-teima, baronesa, desmancha-samba, terebintina, moça branca, branquinha, suruca, juripinga, levanta-velho, sepultura da memória etc.

O demo não fica atrás na quantidade de epítetos: amornado, encardido, sarnento, temba, rabudo, sujo, tentador, peripércio, aquele que não ri, carantonho, cafuço, coisa-ruim, coisa-ruinzinho, ferrabrás, tendeiro, mafarrico, tinhoso, cramulhão, o cujo, pai da mentira, maroto, sete peles etc.

A polêmica não foi resolvida. Deu empate.

60. O REI DO SAMBA SINCOPADO

GERALDO PEREIRA foi o Pelé do samba sincopado. Ou o Garrincha, como queiram. Por definição, o samba sincopado se caracteriza pelos fraseados sinuosos, pela grande quantidade de notas e, em geral, por letras que funcionam como verdadeiras crônicas do cotidiano da rapaziada. Fazer sincopado, como dizia o grande Julião "Vem cá meu puto" (o maior jogador de ronda do Mangue), é para quem tem muita garrafa vazia para vender.

Mineiro de Juiz de Fora, nascido no Dia de São Jorge, em 1918, Geraldo Pereira chegou ao Rio de Janeiro com nove anos de idade. Veio morar com o irmão mais velho, Manoel Araújo, dono de uma birosca no morro de Santo Antônio, um dos núcleos residenciais que formam a Mangueira.

O irmão, conhecido como Mané-Mané, morava com três esposas, era dono de barracos e tinha um emprego na Estrada de Ferro Central do Brasil. Geraldo ajudou a cuidar da tendinha do irmão, travou conhecimento com os bambas do morro e começou a compor. Com 22 anos, viu seu samba

"Acabou a sopa", gravado por Cyro Monteiro, se transformar em sucesso nacional. Não parou mais.

Poucas histórias ilustram tão bem o talento do Geraldo como a que envolve a autoria do samba "Pisei num despacho". Passando distraído por uma esquina, o malandro pisou em um despacho de responsa para Exu, com velas, marafo, galinha preta e os cacetes. Apavorado, concluiu que a desatenção com o compadre iria lhe custar a facilidade para compor e a sorte com as mulheres.

Não deu outra. Geraldo cismou que tinha perdido a inspiração e resolveu recorrer a um pai de santo com casa aberta em Duque de Caxias. Fez o que tinha que ser feito e as coisas voltaram ao eixo. Este fato corriqueiro, e nada inédito no Rio de Janeiro de todas as mandingas, foi usado por Geraldo Pereira como mote para um dos maiores sambas sincopados da música brasileira.

Geraldo Pereira cantou para subir cedo, em 8 de maio de 1955. Tinha apenas 36 anos. Muito se falou sobre sua morte. Ainda hoje há os que afirmam que teria morrido em consequência de um soco que tomou de Madame Satã, no restaurante Capela, na Lapa. O próprio Satã confirmou essa história em outras ocasiões. A briga, de fato, ocorreu, mas não foi ela que matou o compositor. Geraldo, um galalau de 1,90 metro de altura, vinha sofrendo de uma doença grave no intestino, acelerada pelas doses cavalares de conhaque que tomava diariamente.

O REI DO SAMBA SINCOPADO

O escurinho que tinha mania de brigão, como o próprio Geraldo se definiu em um samba, virou enredo de escola de samba – foi homenageado em 1980 pela Unidos do Jacarezinho – e referência para outros grandes sincopadores que lhe sucederam, como Padeirinho, João Nogueira e Luís Grande. Quase setenta anos depois de sua morte, permanece vivo como autor de uma das obras mais peculiares da história da música brasileira.

61. O CARNAVAL ASSUSTA

NUM MUNDO cada vez mais individualista, o carnaval assusta porque afronta a decadência da vida em grupo, reaviva laços contrários à diluição comunitária, fortalece pertencimentos e sociabilidades e cria redes de proteção social nas frestas do desencanto.

A festa é coisa de desocupados? Diga isso para as trabalhadoras e trabalhadores da folia. O carnaval é também, para muita gente tratada como sobra vivente, alternativa de sobrevivência material, afetiva e espiritual. As diversas manifestações carnavalescas são constantes criadoras de sociabilidades e afetos em meio ao desencanto e à dureza do cotidiano. É coisa que vem de muito longe.

O carnaval está sob ataque faz tempo: os higienistas da casa-grande querem eliminá-lo, os tubarões do mercado querem gentrificá-lo, os mercadores da fé querem atrelá-lo ao imaginário do pecado.

O Brasil não inventou o carnaval, é certo. Mas o povo do Brasil vivenciou de tal forma o carnaval (na pluralidade de suas manifestações) que ocorreu o inverso: foi o carnaval que inventou um país possível e original, às margens do projeto de horror que historicamente nos constituiu.

É perturbador para certo Brasil – individualista, excludente, sisudo, inimigo das diversidades, trancafiado em caixotes, carros, condomínios, mansões – lidar com uma festa coletiva, inclusiva, alegre, diversa e rueira.

Tenso e intenso, como lâmina e flor, o carnaval assusta porque nos coloca diante do incontornável e fugaz assombro do que poderia ser a vida comum.

62. APRENDENDO O ABC

NO INÍCIO de 2021, com a coisa feia por causa da pandemia de covid-19, comecei a estudar ordem alfabética, matéria da aula remota, com meu filho. No sufoco, adotei a pedagogia da contravenção e apelei para o jogo do bicho. Explico: o barão de Drummond, que criou o jogo inspirado no jogo das flores mexicano, inventou uma ordem alfabética diferente da normativa: o avestruz vem antes da águia, o burro vem antes da borboleta, o cachorro vem antes da cabra, o carneiro vem antes do camelo, o porco vem antes do pavão, o touro vem antes do tigre, o veado vem antes da vaca. Por outro lado, galo vem antes de gato, certinho.

O que deu no homem para sugerir essa ordem destrambelhada, não se sabe.

Há alguns anos, quando se debatia a legalização do bicho, alguns projetos falavam em consertar a ordem alfabética. Imaginem a loucura: reaprender uma ordem que já está gravada no imaginário popular, com quatrocentos milhares possíveis para cada bicho.

O desafio que fiz aqui em casa com meu filho foi colocar os bichos na ordem normativa. Ficaria assim: águia, avestruz, borboleta, burro, cabra, cachorro, camelo, carneiro, cavalo, cobra, coelho, elefante, galo, gato, jacaré, leão, macaco, pavão, peru, porco, tigre, touro, urso, vaca, veado. Muda quase tudo. Permaneceriam na mesma posição apenas o elefante, o galo, o gato, o jacaré, o leão, o macaco e o urso.

Já quebrei a cabeça para entender o critério do barão, mas é difícil. Se um dia souber que o homem está baixando em centro de mesa espírita, prometo ir à sessão e perguntar sobre o fato. O que sei é que dá para ensinar português, matemática, história, geografia urbana, biologia, a partir do jogo. O bicho é interdisciplinar.

Lembrete aos incautos: não existe zebra no jogo do bicho. Por isso mesmo, na cultura do futebol, deu zebra virou sinônimo de um resultado inacreditável.

63. MERCADÃO DE MADUREIRA: ESPAÇO EDUCATIVO

A MACUMBA é o território da rasura, do regurgito, do refluxo daquilo que se come, do contragolpe, da encruzilhada em que o ser descobre, desconfortavelmente, que só pode ser quem é se, em alguma medida, estiver disponível para alterar-se pelo outro. Não tem escapatória. Isso não tem relação com debates sobre sincretismo ou coisa similar, mas com a disponibilidade para encarar as práticas encantadas do cotidiano com a curiosidade da criança.

Escrevo isto e sugiro: levem as crianças para brincar no Mercadão de Madureira. A pedagogia da macumba, afinal, é da ordem do lúdico e do assombro.

Nós somos atravessados por mundanidades que nos empurram para o olho do furacão; para a tormenta. Para o outro nome encantado que uma tormenta tem: encruzilhada. O resto é a verdade confortável que desencanta e desassombra o mundo.

Quer certeza? Fuja do mercado, o lugar que profana o sagrado e sacraliza o profano e onde o conforto da essência é engolido pelo desconforto da rasura.

CRÔNICAS EXUSÍACAS E ESTILHAÇOS PELINTRAS

O Mercadão de Madureira – com suas folhas para banhos, bichos, carnes para feijoadas, piscinas de plástico, bijuterias, biquínis, roupas de orixás, bugigangas, pastelarias, bancas de agiotas, estátuas de santos e exus – educa.

64. UMA NOITE COM LUIZ CARLOS DA VILA

COMETEREI UMA indiscrição e contarei uma passagem minha com o sambista Luiz Carlos da Vila e um importante jornalista carioca, homem de imprensa de alta patente. O cabra é meu amigo de fé até hoje.

Depois de uns chopes no Nova Capela, na Lapa, fomos os três à gafieira dos Democráticos, onde rolava um samba de responsabilidade. A casa estava cheia de amigos. Entramos, pegamos uma mesa e, de cara, o homem de imprensa disse algo do tipo:

— Luiz Carlos, pede o que você quiser.

Eu perguntei discretamente e com certo temor:

— Você vai bancar o da Vila? O homem bebe.

Ele respondeu com certa indignação cívica:

— Claro que não. A casa é que vai. Nenhum lugar do mundo pode cobrar conta do Luiz Carlos da Vila. É o Luiz Carlos, pô.

E a noite rendeu. Luiz Carlos parecia um exu mirim: deu canja, tirou foto, contou histórias. Estava inspirado. Nós fomos na onda, tomamos uísque da melhor qualidade e cachaça de safra especial, pedimos linguiça, pastel, tremoços e uma quantidade de cervejas da maior dignidade.

Tudo corria nos conformes até que, subitamente, Luiz Carlos mandou um "feliz Natal" e foi embora.

(Aqui um parêntese é necessário. Luiz Carlos da Vila gostava de desejar feliz Natal para todo mundo e em qualquer época do ano. Menos no Natal.)

O homem de imprensa, percebendo a retirada do Luiz Carlos, me disse com certo ar blasé de quem estava prestes a entrar em pânico:

— Vamos também?

Ensaiamos uma fuga, mas na hora da nossa estratégica retirada apareceu um garçom com a conta. Uma pequena fortuna.

O bravo jornalista pegou a conta, examinou tudo e, com a maior calma, devolveu:

— Avisa que é a mesa do Luiz Carlos da Vila e traz a saideira.

Cinco minutos depois se aproximou um coroa português, sócio da casa, cuspindo capivaras, grosso para dedéu e ameaçando chamar a polícia.

Seguiram-se ameaças de prisão por parte do português e, de nossa parte, discursos indignados sobre o alcance civilizatório de Luiz Carlos da Vila e do Cacique de Ramos. O hino do Botafogo, time do da Vila, foi bradado entre lágrimas, coisa que atribuo ao nosso estado etílico aguçador de sensibilidades.

UMA NOITE COM LUIZ CARLOS DA VILA

No fim da quizumba, o meu querido homem de imprensa faz um acordo com a casa e fomos liberados. Ele deixou os documentos como garantia, e prometeu acertar tudo no dia seguinte, pagando a conta e pegando os documentos de volta.

No dia seguinte, de fato, lá estava ele. Não no Democráticos, é justo dizer, mas no Instituto Félix Pacheco, dando entrada na nova carteira de identidade.

65. ALBERTO MUSSA, UM CARIOCA GENTIL

EU ESTAVA tomando uma cerveja numa roda de samba no centro da cidade quando um cidadão, com uma camisa do Flamengo dos tempos do Zico, chegou junto, abriu os braços e mandou na lata, visivelmente emocionado e dando aquela enrolada na língua típica de quem pegou firme na mandureba:

— Mussa! Teu tio Didi faz uma falta enorme na ala de compositores da União da Ilha. Grande Didi! Grande!

Como não sou sobrinho do Didi, maior compositor da história da União da Ilha do Governador, mas meu parceiro Alberto Mussa (escrevemos juntos o *Samba de enredo: história e arte*) é, concluí que o cabra realmente estava nos confundindo. Pensei em desfazer o equívoco, mas ele estava tão emocionado em encontrar o sobrinho do Didi que achei melhor fingir que era mesmo o Mussa.

— Obrigado, meu irmão. Saudade do meu tio Didi. Mas este ano tem uns sambas bons concorrendo na União.

— Tem mesmo. E amanhã tem feijoada na quadra. Mas craque como o Didi, não tem ninguém.

– Concordo. O Didi foi o maior.

E aí conversamos um pouco sobre os sambas insulanos. Fiz, inclusive, inconfidências sobre a vida do tio Didi. Quando eu já considerava a conversa encerrada, o cabra mandou na lata:

– O Simas, que escreveu contigo o livro do samba de enredo, tá na área?

Respondi de prima:

– O Simas? Não teve como vir, mas ontem a gente estava junto tomando cerveja.

Nos cumprimentamos e a conversa terminou na maior amizade.

Naquela tarde o Alberto Mussa, sobrinho do Didi e um dos maiores romancistas do Brasil, foi extremamente atencioso com um fã. Como sempre é, aliás. Durante a meia hora em que assumi outra identidade, e confesso que estava quase acreditando que eu era mesmo o Mussa, fui apenas gentil como meu parceiro seria.

66. MEMÓRIA E ESQUECIMENTO

A CIDADE do Rio de Janeiro tem, ao longo dos tempos, a chocante tendência de destruir seus lugares de memória. O morro do Castelo, sítio da criação da cidade, foi arrasado; o Palácio Monroe foi demolido; o Mercado da Praça XV, um marco da arquitetura em ferro, foi extirpado; a Praça Onze, depositária do contato entre as culturas de negros, judeus e ciganos, acabou em nome de progresso; o local em que Machado de Assis viveu, no Cosme Velho, virou um edifício amorfo; botequins centenários viraram bares de grife com arquiteturas modernosas; históricos cinemas de rua tiveram fachadas descaracterizadas para funcionar como igrejas pentecostais; centenários sobrados e coretos do subúrbio foram destroçados, sem que deles reste ao menos o vestígio. Os exemplos são inúmeros.

Toda a controvérsia envolvendo a descaracterização do Maracanã, transformado em um genérico de estádio europeu, e do seu entorno; a ameaça aos sobrados da rua da Carioca, vendidos a uma instituição financeira; a absurda proposta de demolição do histórico prédio da Polícia Militar na rua Evaristo da Veiga; tudo isso deveria vir acompanhado de uma reflexão mais profunda, que implique o reconhecimento da cidade, pela própria população e pelos homens do poder, como um espaço acumulado de experiências que não podem simplesmente ser descartadas em nome da transformação do Rio de Janeiro em um balneário modernoso de grandes eventos.

Não se ensina, nas escolas do Rio de Janeiro, a história da cidade, dos seus bairros e ruas, como matéria sistemática do aprendizado. Fala-se mais, para um menino carioca de um colégio do centro, do Palácio de Versalhes do que do Palácio Monroe. Uma menina da quinta série do ensino fundamental aprende sobre as ágoras gregas e sequer escuta falar sobre a Praça Onze, ágora carioca e um dos berços da peculiaridade da nossa experiência civilizacional. Querem que um garoto do morro da Providência aprenda que a Grécia foi o berço da filosofia ocidental (é ótimo que ele aprenda isso), mas esquecem de dizer ao moleque que a Pedra do Sal, pertinho de onde ele mora, moldou os batuques cariocas dos primeiros sambas. Sem o conhecimento, impera o descaso.

As reflexões sobre os nossos problemas urbanos, como de resto os de qualquer cidade, devem ser feitas em uma perspectiva que encare o Rio como um organismo vivo. A nossa aldeia é feita de história, lugares de memória, espaços de conflito, instâncias de urbanidade e relações tensas e intensas, inscritas no tempo, entre os diferentes grupos que nela reinventam constantemente seus modos de vida. Mudanças, transformações e permanências só podem ser solidamente advindas dessa relação profunda, vivenciada, ensinada, compartilhada e pensada.

As cidades, no fim das contas, não se revelam apenas no que acontece nas suas esquinas. Elas se mostram também – e muitas vezes de maneira mais reveladora – em tudo aquilo que já não é.

67. MADAME QUER ACABAR COM O SAMBA

A CRÍTICA de rádio Magdala da Gama Oliveira, titular de uma coluna no *Diário de Notícias* na década de 1940, tinha horror à música brasileira. Dona Mag, era assim que ela assinava seus arrazoados, atacava sistematicamente a música popular, especialmente o samba e os sambistas, e se dizia uma guardiã dos valores civilizatórios europeus.

Para responder aos ataques de Magdala, Janet de Almeida e Haroldo Barbosa compuseram, em 1941, o samba "Pra que discutir com madame", só gravado em 1956. A música fez sucesso, recebeu uma gravação magnífica de Janet de Almeida e depois registros inesquecíveis de Elza Soares e João Gilberto.

É justo dizer que a dona Mag não saiu dessa história com uma mão na frente e outra atrás: a madame que sonhava com um Brasil europeu virou nome de praça. Não em Paris, como decerto sonhara, mas em Campo Grande, no Rio de Janeiro. Vez por outra alguém cruza a praça Magdala da Gama Oliveira assoviando um samba.

68. PELÉ E SEU SETE DA LIRA

RIO DE Janeiro, 4 de outubro de 1971. A notícia ocupou a primeira página da *Luta Democrática*, jornal que pertencia ao notório dublê de político e pistoleiro Tenório Cavalcanti, que andava de capa preta e sempre acompanhado de Lurdinha, a metralhadora de estimação: "Pelé procura seu Sete."

A reportagem relatava que Pelé, preocupado com uma fase rara em que a bola não estava entrando, procurou o terreiro de seu Sete da Lira para tirar um encosto que o estava marcando como nenhum zagueiro conseguira ao longo da carreira.

O que ocorreu ficou entre Pelé e seu Sete. Verificando o desempenho do rei do futebol após a visita ao rei da lira, é justo dizer que o ebó deu certo. O encosto foi devidamente despachado e os gols voltaram.

69. CARLOTA JOAQUINA EM JAPERI

A PRINCESA Carlota Joaquina era espanhola. Casou-se por procuração, aos dez anos de idade, com d. João, herdeiro do trono português. Detestou o marido desde o primeiro momento.

No primeiro encontro que tiveram, mordeu a orelha do consorte, arrancando-lhe um pequeno pedaço – que não se furtou em mastigar –, e jogou-lhe um castiçal no rosto. O casamento só foi consumado cinco anos depois da agressão física, logo após a primeira menstruação da princesa.

Quando Napoleão invadiu Portugal e a corte se transferiu para o Rio de Janeiro, Carlota se comportou como quem se dirigia às profundas do inferno. Detestou com todas as forças o lado de cá do Atlântico.

Rompida com o marido, Carlota morava em Botafogo e costumava tomar banho pelada na praia da enseada. Foi amante de uma infinidade de homens e teve nove filhos. É provável que dois deles, d. Antônio e d. Pedro, sejam filhos de d. João. O queridinho da mamãe, d. Miguel, era, segundo as boas e más línguas, fruto de um caso entre Carlota e o marquês de Marialva.

Ao retratar a mulher de d. João em sua obra *História dos fundadores do Império do Brasil*, o historiador Otávio Tarquínio de Souza pintou a imagem do próprio cramulhão. Descreveu uma Carlota "quase horrenda, ossuda [...] pele grossa que as marcas de bexiga faziam ainda mais áspera. Pequena, quase anã, claudicante [...] sem escrúpulos, com os impulsos do sexo alvoroçados".

Corria à boca miúda que a princesa, temperamental, mandara matar a mulher de um amante, ordenara que outro fosse castrado e colecionara centenas de casos amorosos. Gostava, vejam só, de passar as tardes na varanda da casa de Botafogo fumando a diamba.

Quando abandonou essas bandas e voltou à Europa, Carlota disse os maiores impropérios contra o Novo Mundo. Contam que, como uma espécie de último ato nos trópicos, bateu os sapatos para "não levar a terra deste maldito e desgraçado Brasil".

Mas ela voltou!

Há alguns anos eu soube por fonte segura que Carlota Joaquina anda baixando como pombagira numa macumba pertinho da Urucanga, em Japeri. Não me surpreendeu. O cavalo da moça é um investigador da Polícia Federal metido a machão. Carlota chega tocando quizumba no terreiro e fala mal, por pura inveja, da dona Maria Padilha, espanhola como ela.

CARLOTA JOAQUINA EM JAPERI

Dizem que a pombagira dá consultas em espanhol, é especialista em curar problemas de impotência e ensina aos consulentes mirabolantes trabalhos de amarração. O federal não se conforma com as saias coloridas que a dona usa, mas, quando Carlota chega, incendiando o fiofó do malandro, ninguém segura.

70. AGOGÔS IMPERIAIS

A ORQUESTRA ritual dos terreiros de candomblé normalmente é composta por três atabaques feitos em madeira e aros de ferro que sustentam o couro: o rum, o rumpi e o lé. O rum, o maior de todos, possui o registro grave; o rumpi, o do meio, possui o registro médio; o lé, o menorzinho, possui o registro agudo.

Para auxiliar os tambores, utiliza-se um agogô, instrumento também conhecido nos terreiros de santo como gã. De origem certamente africana, redefinido no Brasil, o agogô era inicialmente formado por duas campânulas de ferro interligadas. Nas curimbas, o instrumento é dedicado a Ogum, o grande orixá da metalurgia. Seu som inicia os cânticos litúrgicos dos candomblés e marca, como um metrônomo, o ritmo que os atabaques devem tocar.

O agogô também é utilizado nas macumbas cruzadas das umbandas e omolocôs, chamando caboclos, pretos-velhos, povo de rua, crianças, boiadeiros, marujos, ciganos e todas as linhas das entidades dispostas a descer nas gumas para quebrar as barreiras entre a morte e a vida.

Saído dos terreiros, o agogô chegou à música popular, exemplificando a estreita ligação entre as rodas de santo e as rodas de samba que marcou a codificação do gênero mais expressivo da música carioca de fundamento africano. Dessa mistura entre candomblé e samba, o agogô chegou finalmente aos desfiles das escolas de samba, por obra e graça do Império Serrano.

Há quem diga, num daqueles mitos que perpassam a história do samba e se perpetuam, que o agogô teria sido popularizado na bateria do Império Serrano pelo mestre Darcy do Jongo. Com todo o respeito ao jongueiro cumba, tudo indica que o papel fundamental para a força do agogô na bateria imperial não foi exercido pelo mestre Darcy, mas por seu Edgar Teles Filho, o Edgar do Agogô. Apaixonado pelo instrumento e por suas possibilidades, seu Edgar resolveu criar o agogô de quatro bocas, aumentando consideravelmente as possibilidades sonoras do instrumento.

Controvérsias à parte, o fato é que o agogô, saído dos terreiros para a passarela, é a grande marca da Sinfônica Imperial. Na bateria do Reizinho de Madureira, o instrumento costuma se encaixar perfeitamente com o toque peculiar do surdo de terceira da escola. Este, por sua vez, bebe na fonte dos toques ancestrais do jongo, seguindo uma linha melódica similar.

O Império Serrano é uma escola de fundamento, fruto da união entre o sentido de organização dos estivadores e a espiritualidade dos terreiros da Serrinha. Tendo como um de seus patriarcas maiores o babalorixá Elói Antero Dias, o Mano

AGOGÔS IMPERIAIS

Elói, é daquelas agremiações capazes de transitar na encruzilhada entre o sagrado e o profano com a maior naturalidade.

O sagrado toque do agogô nos cultos iorubás e o toque profano do agogô imperial nos desfiles são, afinal, as duas faces de uma mesma moeda: aquela que guarda e ritualiza a força e a herança dos ancestrais como maneira de afirmar, muitas vezes na precariedade, a danada da vida.

71. BREVES NOTAS SOBRE O NUDISMO CONTEMPORÂNEO

O VERÃO carioca é propício ao nudismo. Fundamentado nesta certeza, me recuso a comparecer a qualquer lugar em que seja necessário o uso do terno e da gravata na estação. Nada contra cerimônias de casamento, bodas de ouro, enterros de autoridades ou formaturas, diga-se, mas terno e gravata no verão canarinho é coisa rastaquera, colonizada. É como obrigar o sujeito a se sentir um frango de padaria sendo assado naquelas televisões de cachorro. A exceção é Jaiminho Alça de Caixão, o mais famoso acompanhador de enterros do mundo, que sempre comparecia aos cemitérios, mesmo debaixo de um calor de fornalha, com ternos impecáveis e gravatas italianas adquiridas em Nilópolis.

Quem começou com a aventura civilizatória de defender o nudismo no Rio de Janeiro foi a atriz Dora Vivacqua, mais conhecida como Luz del Fuego. Luz, dotada de espírito público, fundou no início dos anos 1950 o Partido Naturista Brasileiro – que reputo como uma de nossas mais sérias organizações políticas desde os tempos dos hominídeos da Serra da Capivara.

CRÔNICAS EXUSÍACAS E ESTILHAÇOS PELINTRAS

Luz morava na Ilha do Sol, pertinho de Paquetá, e gostava de andar pelada com uma jiboia de oito metros enrolada no corpo. Em sua propriedade funcionou o primeiro clube de nudismo do país.

O final de Luz del Fuego foi terrível: morreu assassinada, em 1967, por bandidos que queriam roubar um carregamento de pólvora guardado na ilha. Pouco antes da morte de sua fundadora, o Partido Naturista, que chegou a ter quase 60 mil filiados, fora proibido pelo regime militar, numa inequívoca demonstração de que fardas e ternos podem ser muito mais indecentes que a nudez.

Temos outros personagens ilustres da nossa história que gostavam de tirar as roupas. O antropólogo Darcy Ribeiro e o cineasta Glauber Rocha preferiam escrever pelados. D. Pedro I gostava de andar vestido apenas com o bigode pelos salões do Paço Imperial; Villa-Lobos achava que compunha melhor nu. Entre o mito e a história, contam também que dona Beja, a feiticeira de Araxá, cavalgou nuazinha pelas ruas da conservadora cidade mineira, horrorizando as beatas.

O calor carioca remete também a um caso verídico ocorrido em 2012 numa macumba em Fazenda Botafogo, quando um médium recebeu seu Zé Pelintra. Era verão pesado. Quando o cambono foi trazer as roupas de seu Zé – terno branco, lenço de seda, chapéu-panamá, sapato bicolor e outros salamaleques –, o malandro mandou na lata:

– Nem pensar. Não vou vestir isso nesse calor. Vou dar passagem pro seu Tranca Rua só de tanga e tridente.

Dito isso, ameaçou fazer strip-tease. A intervenção firme da mãe de santo contornou a situação e convenceu o malandro a pegar leve.

No fim das contas, os nossos pelados famosos entenderam, como os tamoios e temiminós da Guanabara já sabiam, o que é ser civilizado em São Sebastião do Rio de Janeiro, ao sul do equador, com termômetros marcando 43ºC.

72. PELINTRAÇÕES

O CURIOSO se aproxima do caboclo, mas naquela gira não quer tomar passe. Apenas pretende decifrar um enigma. O ponto "Pedrinha miudinha", muito cantado em gira de boiadeiro, diz em certo trecho: "Três pedras lá na minha aldeia/ uma é maior, outra é menor/ a miudinha é que nos alumeia/ a miudinha é que nos alumeia."

O curioso quer que o caboclo explique por que é que o ponto fala em três pedras, mas só cita duas, a pedra maior e a pedra menor, aquela que nos ilumina. Indagado, o caboclo, que conhece o curioso desde menino, apenas responde com firmeza de quem leva uma cobra-coral na cinta:

– A terceira pedra é você.

73. O ENCONTRO ENTRE EXU E WALTER BENJAMIN NO MORRO DA MANGUEIRA

NAS TESES de *Sobre o conceito de história*, Walter Benjamin, o filósofo alemão, interpreta a imagem do *Angelus Novus*, do artista Paul Klee. Relembremos o trecho famoso:

> Há um quadro de Klee que se chama *Angelus Novus*. Nele se apresenta um anjo que parece estar na iminência de afastar-se de algo que ele encara fixamente. Seus olhos estão arregalados, sua boca está aberta e suas asas estão estiradas. É assim que deve parecer o Anjo da História. Sua face se volta para o passado. Lá onde *nós* vemos surgir uma sequência de eventos, *ele* vê uma catástrofe única, que incessantemente empilha escombros sobre escombros e os lança a seus pés. Ele gostaria de se demorar, de despertar os mortos e reunir de novo o que foi esmagado. Mas uma tempestade sopra do paraíso, que se agarra às suas asas, e é tão forte que o Anjo já não as consegue mais fechar. Essa tempestade o leva inexoravelmente para o futuro, para o qual ele dá as costas, enquanto diante dele a pilha de escombros

cresce rumo ao céu. Aquilo que chamamos de progresso é *essa* tempestade.

Na percepção de Benjamin, o passado não é um dado imutável e o futuro não é inexorável. A construção do futuro passa, necessariamente, pela reconstrução do passado e das suas lutas, e o compromisso ético do historiador não se estabelece apenas com os vivos e com os que ainda virão, mas também com os mortos. A escrita da história não é neutra; ela pressupõe embates, e o "progresso" não pode ser considerado norma, sob pena de calarmos diante das catástrofes e silenciamentos que, em nome dele, foram praticados. Foi dessa crença inabalável no progresso, que justificou todo um espólio de horrores, que o fascismo se alimentou.

Escovar a história a contrapelo é voltar ao passado para recuperar as lutas populares e seus personagens – aniquilados pelo peso do horror dominante – e redimensioná-las como *centelhas de esperança* – a expressão é de Benjamin –, capazes de estimular nossas lutas e compromissos. Como alerta o filósofo, a vitória dos inimigos não se estabelece apenas sobre os vivos, mas também sobre os mortos de incontáveis gerações.

A percepção de Benjamin sobre a necessidade de disputar o passado para acender a chama do presente e pavimentar fu-

---

[1] Walter Benjamin. *Sobre o conceito de história: edição crítica*. Organização e tradução de Adalberto Müller. Notas de Márcio Seligmann-Silva. São Paulo: Alameda, 2020. pp. 118-119.

turos cruza com um dos orikis mais famosos de Exu – o orixá do movimento, do poder do corpo, da alegria e das grandes transformações: Exu acerta a pedra que lança hoje no pássaro que já voou. Por princípio, os orikis – sentenças curtas sobre os orixás – abrem múltiplas possibilidades de interpretação, numa poética aconchegada ao mistério para sugerir ações permanentes de afirmação da vida.

Podemos cruzar o que Benjamin chama de "Anjo da História" com a "Pedra de Exu". Em um tempo contaminado por urgências, parece que perdemos a dimensão do compromisso com as lutas do passado. À maioria, elas causam apenas certo alheamento, algum enfado e, na melhor das hipóteses, curiosidade.

O pássaro do passado só pode ser alcançado com a pedra que lançamos hoje; seu voo é incessante. Exu não vai ao ontem porque sabe que (nas espirais do tempo) é no presente que a pedra é lançada em busca do pássaro que, em seu voo incerto, pousará no futuro.

Para Exu, nada é um dado imutável e o impossível é uma possibilidade. Conforme escrevi em uma canção, "Bravum de Elegbara", feita em parceria com Moyseis Marques e gravada por Fabiana Cozza, Exu prende água na peneira, guarda o mundo na quartinha, galopa em galo de rinha, avoa em cobra rasteira.

Em 2019, a Estação Primeira de Mangueira carnavalizou o fardo e o espanto do Anjo da História lançando no pássaro/passado do Brasil a Pedra de Exu. Chamou os Caboclos de

Julho, os malês, os dragões do mar de Aracati, os quilombolas, as Luizas Mahins, os cariris, para lembrar que o fazer histórico não pode ser desvencilhado da dimensão pedagógica do ensinar a história. Os inimigos, afinal, combatem também a memória dos nossos mortos para impedir que nas espirais do tempo eles animem novas vidas.

A Beija-Flor de Nilópolis, em 2023, lançou a Pedra de Exu em direção ao bicentenário da independência do Brasil para indagar: que independência é essa?

Ao falar da percepção do passado no materialismo de Benjamin, o filósofo Michael Löwy diz que ele nos coloca diante da iminência de tomar decisões no presente. O historiador, afinal, vive de apanhar as já citadas centelhas de esperança que encaminhem outros futuros, conforme ensina o próprio Benjamin.

Centelhas, não custa lembrar, são partículas que se desprendem de um corpo em brasa; fagulhas, faíscas, descargas elétricas que assombram a escuridão com estonteante velocidade e movimento.

Para as culturas de terreiro, as centelhas têm nome: Exu.

74. O PRIMEIRO CADÁVER

GETÚLIO VARGAS saiu da vida para entrar na história. Meu objetivo é outro: sair da história para entrar na vida. De toda forma, tenho uma história com o presidente que envolve o primeiro contato de um menino com um morto. Poucas coisas podem ser mais impactantes na vida de uma criança do que o cadáver inaugural. É a imagem do defunto primordial que se transformará quase certamente no primeiro fantasma, aquele que guardaremos pelo resto das vidas.

O meu primeiro cadáver – e meu fantasma definitivo – foi Getúlio Vargas. Não, eu não era nascido quando o velho se matou, em 24 de agosto de 1954. Minha mãe tinha só nove anos.

Acontece que na minha casa havia uma edição da revista *O Cruzeiro* sobre o legado de Vargas, lançada em algum aniversário da morte do presidente e guardada como relíquia. Um dia, saído das mamadeiras, folheei a revista e me deparei com a foto que ainda hoje é nítida na minha memória: Getúlio, mortinho da silva, tinha um lenço amarrado que sustentava o maxilar, para evitar aquela boca aberta típica dos defuntos frescos.

O problema é que o laço que amarrava o lenço – no alto da cabeça – causava uma impressão curiosa, em virtude das pontas jogadas uma para cada lado. Intrigado, perguntei ao meu avô:

– Quem é?

– Getúlio Vargas. O maior!

Com a inocência de uma Poliana, a moça, indaguei:

– Por que ele está vestido de coelhinho da Páscoa?

Simplesmente achei que o laço formava as orelhinhas do símbolo pascal.

Meu avô, conterrâneo de Lampião, não tinha entre seus dotes a capacidade de lidar com essas indagações infantis e simplesmente respondeu:

– Ele tá morto. O lenço é pra evitar que o queixo fique caído. Repara só no detalhe dos algodões no nariz. É pra não sair umas melecas que todo defunto solta.

Nunca me recuperei do impacto.

Ninguém passa ileso pela experiência de descobrir que um coelho da Páscoa pode ser um presunto. Até hoje não consigo esquecer a imagem do corpo do presidente – e sou incapaz de ver um lenço ou um simples chumaço de algodão sem considerar que foram criados para preparar defuntos.

Fiquei anos com medo do fantasma de Getúlio. Não tinha condições de visitar o Palácio do Catete, com pavor de encontrar o espectro do presidente vagando pelos corredores.

O PRIMEIRO CADÁVER

Em todo dia 24 de agosto, aniversário do suicídio, sou assaltado pela lembrança daquela foto o tempo inteiro. Quando, na função de professor de história, levo alunos ao Palácio das Águias e visitamos o quarto em que Getúlio se matou, é ela que me vem à cabeça: a foto.

Para fechar este arrazoado, uso o mote de uma velha propaganda de sutiã e afirmo com a convicção de um João Batista metendo bronca no deserto: não é o primeiro amor que define nosso caráter. Não é o primeiro beijo. É do primeiro cadáver que a gente nunca esquece.

75. MORTE × ANIQUILAÇÃO

PRECISAMOS DISTINGUIR entre quem cultua a morte e quem projeta a aniquilação da vida. Ao propor a distinção, desloco a questão da morte para as percepções que dela têm as culturas do encanto. Para estas, a morte é a conclusão de um ciclo que celebra o que foi vivido e garante a sua permanência. A vida, por sua vez, é um fenômeno que transcende a fisiologia. Está vivo tudo que ainda canta e é cantado.

O culto aos antepassados entre os povos originários da América e entre diversos povos africanos, por exemplo, aponta para a procura da boa morte, aquela que, advinda do ciclo natural da vida longa, sedimenta a permanência daquele que está fisicamente morto como um elemento ativo da comunidade.

A morte, neste sentido, não é um conceito, mas uma espiritualidade que precisa ser sistematicamente enfrentada, driblada, combatida, enganada, para que não nos acometa antes do fechamento do ciclo. Quando o tempo do ciclo é respeitado, a espiritualidade da morte deve ser saudada, sentida e cantada com beleza e reverência ritual. É a celebração serena da grande aventura do retorno em boa hora, aquela que não deve ser lamentada.

O que os verdugos da destruição que estão soltos no Brasil fazem é outra coisa: apostam na *desvida*, na aniquilação dos seres, no desencanto e na interrupção violenta da trajetória daqueles que prematuramente partem. Ao genocídio – uma política de aniquilação dos corpos e interrupção do ciclo da vida – junta-se o *encantecídio*, um projeto cotidiano de destruição do encanto fundado no rancor, na obtusidade, no combate à pluralidade e na propagação da violência física e simbólica como prática de uma política não poética.

Contra esse horror, lembro que as culturas fundamentadas em princípios de ancestralidade são, sobretudo, afirmativas da vida. Por isso celebram a morte. Para alguns pode parecer um paradoxo, mas as culturas do encanto são dinâmicas porque são tradicionais, são contemporâneas porque são ancestrais, e são vivas porque cultuam seus mortos.

Recordo aqui, e coloco na encruzilhada a referência para fechar a prosa, a bela reflexão que Guimarães Rosa faz em seu discurso de posse na Academia Brasileira de Letras:

> De repente, morreu: que é quando um homem vem inteiro pronto de suas próprias profundezas. Morreu, com modéstia. Se passou para o lado claro, fora e acima de suave ramerrão e terríveis balbúrdias. Mas – o que é um pormenor de ausência. Faz diferença? "Choras os que não devias chorar. O homem desperto nem pelos mortos nem pelos vivos se enluta" – Krishna instrui Arjuna, no *Bhagavad Gita*. [...] As pessoas não morrem, ficam encantadas.

MORTE × ANIQUILAÇÃO

Para os povos que bailam na encantação do mundo, não cultua a morte quem nega a vida. O que temos ao longo da maior parte do tempo no Brasil é a aplicação de projetos medonhos de aniquilação de tudo que podemos ser como experiência radical de beleza e liberdade, desviando-nos do caminho da completude que só se manifesta como afirmação da vida no momento em que ela se completa e finda.

Ao atentar contra a vida, os desencantadores atentam também contra a morte e tudo aquilo que ela guarda como sentido da poética do ser na belezura da mata do mundo. Não é só o direito de viver que nos é tirado; mas também o direito de morrer e permanecer dançando.

76. PELINTRAÇÃO

A BASE do toque de caixa da bateria da Mocidade Independente de Padre Miguel é o aguerê, toque dedicado a Oxóssi nos candomblés. A constatação sugere uma pergunta: os ritmistas da bateria sabem disso?

A pergunta sugere uma resposta: o importante é que Oxóssi saiba.

77. SOBRE VIVENTES

ANO DE 2065: aniversário de quinhentos anos da cidade do Rio de Janeiro. O Maracanã morreu, o último botequim fechou, a cidade é do carro sem motorista, encontraram em escavações vestígios de uma antiga quitanda, o menino não acredita que a butique de carnes se chamava açougue, a menina desconfia dessa história de que o ateliê de pães já foi chamado de padaria.

A última informação quente é a de que remanescentes da antiga civilização, aquela que sucumbiu, continuam realizando os estranhos rituais que costumavam ser praticados pelos seus avós. E andam assanhados. Os arcaicos prometem insistir nas práticas bárbaras, driblando os homens da lei e da ordem.

Eles são herdeiros daqueles que um dia se entocaram nos buracos mais escondidos para continuar a bater tambores e palmas em paz. Aprenderam a arte de afinar os cavacos, pontear nas violas, descer a mão nos repiques e arrepiar nos foles da sanfona.

CRÔNICAS EXUSÍACAS E ESTILHAÇOS PELINTRAS

A descida às catacumbas aconteceu depois que as ruas foram tomadas pelo Bonde da Aleluia, um braço da milícia dos Leões de Judá, dias após o desfile da última escola de samba, aquele que teve as baianas apedrejadas em virtude da indecência de seus trajes e colares de exortação aos demônios.

Foi aí que um deles bradou o "sigam-me os que forem baderneiros" e resolveu se empirulitar; única forma de reinventar o furdunço dos carnavais nessa bolinha azul, cafundó do Judas, cafofo do universo no cu do espaço sideral, conforme um mais exaltado definiu a antiga cidade de São Sebastião, agora sem o nome que a dedicava a um demônio flechado.

E nas tocas, com o arroubo de um exército de napoleões de hospício e o destemor do ataque do Íbis nos tempos do herói Mauro Shampoo, esses estranhos insistiram em molhar as gargantas com a água que o passarinho não bebe e continuaram a rogar e blasfemar aos santos e demônios da noite grande. E foram crescendo.

Como estratégia de sobrevivência, os entocados danaram de contar às crianças, na moita, histórias de Paulo da Portela, Tia Ciata, Madame Satã, João Cândido, Cunhambebe, do Caboclo das Sete Encruzilhadas, da dona Maria Padilha e dos ciganos e judeus da Praça Onze. Passaram a falar dos bacalhaus, tricolores, urubus e alvinegros; dos caciques de Ramos e das onças que tinham bafo. Ensinaram os sambas de Cartola e os partidos de Aniceto; lembraram que o tamborzão dos bailes mais quentes parecia um alujá de Xangô.

E aos poucos, na fresta e fazendo festa, os arcaicos, descendentes dos antigos cariocas, foram saindo das catacumbas e andam se insinuando pelas ruas; sem a devida autorização, é claro. Eles agora reivindicam o direito de receber a estia, prática ética dos velhos bambas da sinuca.

Para quem não sabe desses assuntos fundamentais, coisa de outros tempos, a estia era o costume de se deixar 10% do dinheiro arrecadado nas apostas ao jogador derrotado, para que ele ao menos tivesse o direito de comer alguma coisa, tomar umas biritas e pegar a condução de volta para casa.

Na cidade desencantada, a estia é o samba, o baile, a cerveja, a rua, a roda. O resquício da dignidade, a canjebrina do santo, o beijo, a troca, a troça. Tudo aquilo que foi e não é mais. Tudo aquilo que, na ciranda do tempo que gira feito canjira de santo, haverá de ser.

Um último registro: Na esquina onde fica a torre comercial de quinhentos andares recém-inaugurada, uma para cada ano de história do Rio, acharam dia desses uns cotocos de vela, com marafo e farofa de dendê, dentro de um alguidar de barro. Não se sabe quem deixou aquilo ali. Diante de homens de negócios assustados com aqueles objetos inusitados, uma gargalhada galhofeira, saída sabe-se lá de onde, pareceu dizer que a cidade continua.

*O texto deste livro foi composto em
Garamond Pro, em corpo 12/16*

*A impressão se deu sobre papel off-white
pelo Sistema Cameron da Divisão Gráfica
da Distribuidora Record.*